横浜川崎　北相模　三浦湘南　箱根足柄　丹沢

半日の山ハイク

樋口一郎

東京新聞

JN056225

コース地図

●数字はコース No. を示す

北相模エリア
35 陣馬山
36 景信山・小仏城山
嵐山と相模湖 41
藤野芸術の山 38
37 日連アルプス
42 城山湖外輪山
石老山 40
43 津久井城山
39 石砂山・峰山
三増峠と雨乞山 44
南山と宮ヶ瀬ダム 46
松茸山と宮ヶ瀬湖岸 45
仏果山 47
経ヶ岳 48
八菅山・鳶尾山 49
白山と七沢森林公園 50
丹沢エリア
60 本棚と下棚
鐘ヶ嶽・日向山 51
52 大山
53 三ノ塔
59 ミツバ岳
56 櫟山と土佐原の里
61 三国山・鉄砲木ノ頭
57 シダンゴ山
58 大野山
弘法山・権現山 54
22 松田山
河村城址と山北界隈 23
55 渋沢丘陵
24 矢倉岳
湘南平三山
21 曽我丘陵
20 吾妻山
箱根足柄エリア
25 金時山
26 明星ヶ岳
31 一夜城の山
30 湯坂道
駒ヶ岳と芦ノ湖東岸 28
29 二子山山麓
27 芦ノ湖西岸山地
33 幕山・南郷山
34 湯河原城山
32 真鶴半島の森と海

2 生田緑地界隈

1 加瀬山

3 都筑三富士

4 新治＆三保の森

7 秋葉山・本堂山

横浜川崎エリア

5 港ヨコハマ山巡り

10 鎌倉アルプス

大丸山・天園 **8**

6 金沢の三山

三浦湘南エリア

9 衣張山

12 鷹取山

18 江の島

11 二子山と
森戸川源流

17 猿島

大楠山 **13**

14 武山三山

15 小網代の森界隈

16 城ヶ島

目次

はじめに

複雑さ極まる山地、噴火史豊かな火山群、海辺の隆起＆沈降帯、火山灰の残丘。神奈川県エリアは狭い面積ながら、地質学的に見て全国でも最も変化に富んだ山群で構成されています。さらには、鎌倉時代に代表される当地ならではの歴史の光と影が、山々の彩りをより濃いものにしているのです。何日も要する奥深い山は少ないものの、気軽に取り付ける山のバラエティーなら日本でもトップクラスではないでしょうか。本書では、特に半日単位で完結する山歩きコースを紹介します。「半日」に具体的な定義はありませんが、コースタイムで概ね３時間以内を指標としました。

半日で登れる山には様々なメリットがあります。

- **●半日を山歩きに、残る半日を観光やグルメに当てる**
- **●休憩その他にゆっくり時間を掛けられ、陽の短い時期でも行動に余裕がある**
- **●半日コースを２本ドッキングさせれば、充実の１日コースとなる**

一見お気楽ですが、通常の登山と同様の注意を払ってこそ、より高い安全性が得られます。心と身体に余裕をもったうえで、複雑多様なこのエリアの山々の魅力に触れてみてください。

本書の使い方

登山グレードについて

級別	ルート状況	必要な装備
ウオーキング級	整備された遊歩道や、公園、町中を歩くコース	傘、運動靴、携帯食、飲料水
軽ハイク級	道標の整った、一般的な登山道を含むコース	レインウエア上下、軽登山靴、軍手、ヘッドランプ、防寒具、非常食（お菓子の類でもＯＫ）、十分な飲料水

★付加クラス（基本クラスに加え、要求されるスキル）

町の地図読み	町中は分岐が多いうえに道標などがあまりないため、山中とは違った地図読み力が要求される
山の地図読み	道標等が未整備の山では、現在地と進むべき方向を地図から読む力が必要。道迷い遭難につながりやすいので、スキルの無い人は踏み込まないように

季節

山歩きに概ね適した季節を月単位で表示。開花期など特にお勧め時期がある場合は、その旨を追記。なお、丹沢と北相模エリアでは春から秋にかけてヤマビルが多く出没する地域があり、「ヒル用心」を追記。概ね４月半ばから11月初めは活動期と考え、ヒルが苦手な人はその時期は避けた方が無難。ただし生き物相手であるので、時期やエリアにズレが生じる場合があることに留意を。

コースタイム

平均的な中高年パーティーが無理なく歩ける、休憩なしの純粋歩行時間を目安とした。町中の平地では概ね４〜５kmを１時間としてある。

四季の山

春

春の土佐原の里は桃源郷そのもの
[56 コース]

相模川弁天橋
[36 コース]

花々の競演、最明寺史跡公園
[22 コース]

渋沢丘陵から大山
[55 コース]

湯坂道のプロムナード
[30 コース]

清涼感満点の下棚（滝）
［60コース］

駒ヶ岳山頂から相模湾と相模平野
［28コース］

江の島展望灯台から相模湾
［18コース］

四季の山

夏

岩に絡むブナ　箱根三国山付近で
[27コース]

四季の山

秋

京都の古刹を思わせる神武寺
[12コース]

秋の里山風景、本堂山をバックに
［7コース］

メタセコイアの黄葉と花のコラボ、イタリア山で
［5コース］

鎌倉最大級の紅葉の名所、獅子舞ヶ谷
［8コース］

降雪翌朝の鳶尾山山頂
[49 コース]

四季の山

冬

武山連山をバックに
キャベツ畑が一番美しい季節
[14コース]

丹沢と富士山、冬の装い、
川和富士から
[3コース]

榎が葉を落としきった厳寒期で
も菜の花は満開　吾妻山山頂
[20 コース]

南山から降雪直後の丹沢山地
[46 コース]

大野山から→58コース

神奈川県エリアは富士山に近いのが嬉しい。パノラマを期待していたピークは元より、思いもかけない所で富士山を見つけると、なんだか得をした気分に浸れる。

陣馬山から→35コース

曽我梅林から→21コース

八国見山から→55コース

海ノ平付近から→27コース

14

横浜南部の上空から。陸上エリアの大半は丘陵地帯が占める。その多くは人工物に覆われているが、オアシスのように残されたグリーンは市民の貴重な財産だ。

▲生田緑地

▲都筑三富士

加瀬山▲

●横浜港

●根岸森林公園

▲本牧見晴らし山

横浜川崎エリア

町中で意外な山の発見を

エリアの大半は多摩丘陵帯に属し、基盤岩の上に降り積もった富士・箱根の火山灰がローム層をなしている。都市化の進んだ横浜・川崎だが、開発の造形物を取り去ってしまえば、山と谷の連続した地形が露わになる。その中で開発を免れたスポットや、人工的に形成された山地形をつないでいくのが、このエリアのハイクの狙い目だ。多くは町中歩きとなり、登山的には安全な反面（交通事故には注意！）、通常登山のような道標類はあてにできないので、町の地図を読み取るスキルが必要になってくる。都会ウオーキング＋αの感覚で、町中の山探しへ。

加瀬山
かせ

学問の府から引き寄せの山へ

加瀬山　●標高33m
かながわ百名山

▲	ウオーキング級＋町の地図読み
🕐	1時間10分
📅	9〜6月

展望★　自然　＋α★★★

　川崎の市街地の真ん中に忽然と浮かぶ山、それが加瀬山だ。その突出性から古来、多くの人を引き寄せてきた。すぐ背後に慶大日吉キャンパスが位置する。一見、無関係な両者をウオーキングでドッキングしよう。

　まずは日吉駅からスタート。整然と並び立つイチョウ並木に、なぜか胸が高鳴ってしまう。キャンパス内通行自由とは言え、ここは学問の府、はしゃがず静かに散策したい。適宜歩き終えたら、裏手に下る。運動部関連の施設の並ぶ中を登り返すと左折する山道が現れ、その中に本日の最高到達地点があるので、この付近を日吉の山（とは言わないが）の山頂とみなしては如何だろう。

　野球グラウンドの裏を下ると町中に突入する。新川崎駅に向かう車道に出て渡るのが矢上川。この川は横浜と川崎の市境に当たり、元々ひとつの山地であった日吉の山と加瀬山を流路によって分断した張本人らしい。右方向を注視しつつ歩くと、やがて山上に向かう一本道が現れる。路上の動物足跡クイズなど楽しみつつ緩く登っていけば、長大な加瀬山の一角に登り着く。

　ここのお楽しみが、中核を占める夢見ヶ崎動物公園だ。ゆる系の動物中心で、入場ゲートもなく出入りは自由、日中は多くの親子連れの姿が見られる。加瀬山には、人を集めるオーラを感じざるを得ない。

　さて「山」と認識したからには、最高地点を踏んで登頂達成としたいもの。候補は2箇所。一つは頂上に富士浅間神社のある高まりで、古墳の名残である。もう一つがマーコール（西ヒマラヤのヤギ）舎内の岩山で、こちらは動物専用。見た目、どちらが高いのかは微妙なところ。人間は神社側に登っておけば良しとしておこう。緩く優しく解釈しておく方が、引き寄せの山には相応しいから。

町中に浮かぶ加瀬山の全容

📝 加瀬山

新川崎駅の駅前から西側を見ると、中低層の家々の後方に森が連なっている。平野にぽつんと取り残された地塊で、縄文時代には島だったこともある。長さ750mに対し幅150mほど、周囲は急峻に立ち上がるが上部はほぼ平坦で、タンカーの様な形状だ。なまじ町中にあったために、埋め立て、その他に便利に削られて、元の大きさの3分の2ほどになってしまっている。平地の只中に忽然とわだかまる姿ゆえか、この山は古来多くの人を引き寄せてきた。縄文時代の貝塚に始まり、おびただしい古墳群、山上には立派な寺院、複数の神社、太田道灌の夢見の伝承もある。

最高地点：浅間神社とマーコール舎

📝 慶應義塾大学日吉キャンパス

少人数（9名以下）での個人的な見学（通行）については申し込み不要。曜日に関わらず8:30〜17:00の時間内であれば、年末年始・入試期間等を除き見学自由。学生や関係者の利用の多いお昼時以外なら、学内食堂も利用できる。キャンパス入口の警備室でガイドマップも入手できるが、学内は明快な地図看板が随所にあり、散策には困らない。

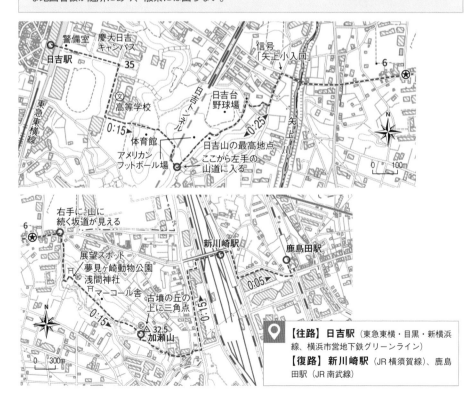

【往路】日吉駅（東急東横・目黒・新横浜線、横浜市営地下鉄グリーンライン）

【復路】新川崎駅（JR横須賀線）、**鹿島田駅**（JR南武線）

生田緑地界隈

霊園・公園から多彩な緑地へ

枡形山　●標高 84 m
かながわ百名山

▲▲	ウオーキング級＋町の地図読み
🕐	2 時間 40 分
📅	9〜6 月

展望★★　自然★　＋α★★★

　細長い川崎市の半分は多摩丘陵に属し、開発を免れた自然境が散在している。代表的な丘と丘を、町中の川を頼りにドッキングしてみたい。地形を心中に描きつつ歩けば、開発前の原風景が見えてくることだろう。

　小ぶりな津田山駅は左右の丘陵に挟まれている。その片方が川崎市営緑ヶ丘霊園で、丘の上だけあって開放的で明るく、周囲には豊かな森もあって緑を楽しみつつ歩ける。霊園とはいえ公園調であり、静かに丘陵上のウオーキングを楽しみたい。

　霊園エリアの尽きる直前に、次なる東高根森林公園への分岐点がある。わずかな下りで、明るい丘の上から、静かな谷あいの森の中へ、どんでん返しのように景観が変貌するのがなんとも小気味良い。この県立公園は谷底が第一の売り物、木道が整備され、左右から大木がのしかかり、水回りには様々な動植物が、丁寧な案内看板と共に目を楽しませてくれる。適宜、丘陵部と組み合わせてコースを取り、ラストは公園南口のパークセンターへ。

　生田緑地までは町歩きで道標など皆無だが、コースの目標となるのが多摩川の支流:平瀬川である。前方に小高い森が見えてくればそれが生田緑地。まずは里山風景の遊歩道から入っていく。そして緑地の核心部へ。

　美術館、民家園、博物館……川崎の文化と知性が集約されたような一帯である。各施設を巡るには、森の中の山地形を歩かねばならないが、ただ漫然と歩くより、上り下りで注意を払う方がよほど脳に刺激を与える。その上でアートや学術に触れれば、脳が最大限活性化されるに違いない。森林浴をしながら脳活ができる山、それがこの丘陵緑地のセールスポイントといっていい。ラストを飾るのが枡形山。展望塔から、今日の来し方を振り返り、丘陵ウオークを総括してみよう。

【往路】津田山駅（JR 南部線）
【復路】向ヶ丘遊園駅（小田急電鉄）

枡形山

川崎市で唯一、国土地理院の地形図に載っている山名が枡形山だ。鎌倉時代初期に稲毛三郎重成によって築かれた枡形城の跡地に当たる。なにより砦を模したような展望塔からの眺めが素晴らしい。遠い山々の眺めも良いが、東京方面のビル群のまとまりがまた見事だ。実は東京の中心（東京駅付近）から同心円を描いた時、100 m内外の山で最も近くにあるのが枡形山なのである。

平瀬川

この川が特徴的なのは川底で、泥岩層が露出している。丘陵帯の上面は富士箱根の火山灰からなるローム層に覆われているが、川で浸食されると基盤岩である上総層群が露出してくるわけだ。コース中間部の単調な町歩きだが、川底を見て地質の営みを確かめてみたい。

19

都筑三富士
つづき

森の道を縫って三つの富士山巡礼

池辺富士　●標高 60 m
かながわ百名山

🏔	ウオーキング級＋町の地図読み
🕐	2 時間 50 分
📅	9〜6月

展望★★　自然★　＋α★★

　横浜市都筑区に 3 つのミニ富士がある。距離を置いて散在しているが、港北ニュータウンの都市計画の賜物である遊歩道をつないで探訪できるのがミソだ。新旧ミックスの一味違ったウオーキングが楽しめる。

　近代的で洗練された都筑ふれあいの丘駅周辺から、少し進んだだけで広がる畑地帯の落差に驚く。その中央にわだかまる小さな丘が池辺富士だ。植栽が融通無碍に伸び出た姿はシュールとしかいいようがないが、夏場に葉が茂ると山に見えなくなる。鳥居をくぐる参道を登り、山頂の小さな石祠に合掌。

　次いで今度は整備された公園の中央に堂々、最も富士らしい富士、川和富士へ。ニュータウン建設に伴い移設された新しい築山なので、アウトラインが整然としている。冬季の山頂からの展望は素晴らしく、富士丹沢は元より、山岳ファンに嬉しいのは南アルプスの白根三山がバッチリ見えることだろう。

　ここから整備された遊歩道をたどっていく。周到な都市計画のもとに造成されたルートなので、車道に出くわすと潜るか跨ぐかに設計されており、車を気にすることなく歩けるのが嬉しい。沿道はグリーンや小さなせせらぎが常に寄り添い、要所要所で個性ある公園をつないでいく。中でも、里山風景を再現した都筑中央公園と、沿道の幅が広くゆったり感溢れる「くさぶえのみち」は、コース中の白眉と言っていいだろう。

　ラスト 3 山目が山田富士。入口がわかりにくく急だが、お中道や噴火口まである凝った造りなのが面白い。せっかくだから山田富士公園全体を散策してみよう。近代感あふれる横浜国際プールから豪快に下る階段の景観が、「古のテーマを近代の都市計画でつなぐ」コースのフィナーレを飾ってくれる。

※（┬地図看板）

ここから
くさぶえの道

そのまま尾根上の
道を進む

0:20 ・国際プール

山田富士

左の車道越しに
緑地が見えたら、
そちらへ移る

北山田駅

┬山崎公園

0:25

この区間では
車道を何度か渡る

0:30

ここから
しらさぎの道
（川沿い）

0:20

┬ここからふじやとの道

徳生公園

N

---

0 300m

N

時間を取って
園内を探勝したい
都筑中央公園┬

0:20

鴨池公園

ここから
ささぶえの道

0:25

都筑
ふれあいの丘駅

駅前から、青と白の
大煙突を目指して歩く

GS手前の
横断歩道

0:15

この付近から
池辺富士が
よく見える

川和富士

池辺富士

ここから
ゆうばえの道　0:15

山田富士

富士講と富士塚

江戸中期から、講を作って集団で富士山に登
拝する富士講が盛んになった。一方、カネも
ヒマも掛かる富士登山に行かれない庶民のた
めに、江戸界隈と近郊に数多くの富士塚（ミ
ニ富士山）が造られた。都筑の三富士では、
いずれも山頂から本家の富士山が見られるの
が重要なポイントといえる。

港北ニュータウン

横浜市北部の20km²を超える広大なエリアに、
町、交通、農地までを含む総合的な都市開発
事業として1996年に完成。わけても、交
通安全のため歩行者と自動車の動線を分ける
「歩車分離」を
徹底した。長
大な遊歩道が
網の目のよう
に巡らされて
いる。

【往路】都筑ふれあいの丘駅
（横浜市営地下鉄グリーンライン）
【復路】北山田駅
（横浜市営地下鉄グリーンライン）

新治&三保の森
にいはる　みほ

住宅街の二つのオアシス

丸山　●標高　約67m
かながわ百名山

▲▲	ウオーキング級＋町の地図読み
🕐	1時間30分〜3時間30分
📅	9〜6月
展望	自然★　＋α★★

　新治市民の森は、谷底部には水田や畑、山間部にはスギ林や竹林が広がり、エリア内で経済的に完結する循環型の里山世界を構成している。基本的には新治だけでも満足できるが、お隣の三保の森まで往復するとよい。

　スタートはJR横浜線十日市場駅。駅前から真っ直ぐに道が伸びる。初めは賑やかな商業施設、ほどなくマンションが立ち並ぶ典型的な現代風の郊外都市の中を歩く。そしていきなり森。この変化の妙はどんでん返しのよう。しかも見上げる山ではなく、見下ろす谷。ここでは山登りではなく、山下りから始まるのが何ともユニークだ。

　まずは「にいはる里山交流センター」に立ち寄って、情報とガイドマップをゲット。地図上にモデルコースは示したものの、マップを見つつ気の向くままに、里山世界の尾根と谷を巡り歩くと良い。広いエリアだけに向山、やまんめ山など名のある山が幾つかあるが、山頂らしい地形があって登頂感覚が得られるのは丸山に限られる。看板もなく地図で見当をつけ探るしかない。スギが主体の園内山地にあって、広葉樹の疎林に覆われ明るい。

　お隣の三保市民の森へは、みはらし広場のゲートから往復すると良い。こまごまと里山パーツを詰め込んだような新治に対し、すっきりと単純、ストレートな森林歩きを味わえる。3コースある中で、真ん中のプロムナードコースが、起伏に富み、深い山中を歩く感覚に浸れる。

　再び、新治の森に戻る。谷戸田は必見、谷と尾根が複雑に絡み合う横浜全体が、かつてはこうであったろうと思うと感慨深い。締め括りは豪壮な旧奥津邸に立ち寄って、里山の主（客人）になった気分に浸ってみよう。つかの間の里山トリップを終え、再び都市風景の中へ戻っていくのである。

新治市民の森：彼岸花咲く秋の谷戸田

三保市民の森の３コース

【谷戸道】 所要15分：北半分は資材置き場などが並走していて興ざめだが、南半分は田や畑で気持ちよい。

【尾根道】 所要30分：コースの半分は西側に高層住宅街が並走しているが、起伏が少なく歩きやすい。一部は、川井鶴ヶ峰導水路と並走していて、歴史ある水路を跨いだり沿ったりが楽しい。

【プロムナード】 所要55分：エリアの中間に位置し、尾根と谷の連続で歩き応え十分。森の中央なので静けさと奥深さを存分に堪能できる。道が複雑に分岐しており地図読みの練習にも向く。

※にいはる里山交流センターで、ガイドマップを入手しておくと良い。☎045-931-4947　9:00〜17:00

 横浜市市民の森

　横浜市独自の、緑地保存の制度として昭和46年度からスタートした。市の所有地ではなく、緑の保全と市民の憩いの場の提供を目的に、山林所有者の協力によって一般市民にも開放している。47箇所が指定され合計面積は550ヘクタールに及ぶ。新治市民の森は67ヘクタールで最大級。三保市民の森も40ヘクタールで大型クラス。

旧奥津邸

極太の柱、贅を凝らした格子天井、真壁の丁寧な施工など、がっしりした造りと贅沢な木細工が見事に融和している。特筆すべきは新しいこと。通常、古民家と称する家屋は江戸期や明治期に建立した古色蒼然としたものが多い。だが、ここは平成の建築、柱も木もまだまだ新しく、古民家というより「新民家」の感覚がなんとも新鮮で、余計に感動を覚えよう。

【往路】【復路】十日市場駅（JR横浜線）

港ヨコハマ山巡り

山手・本牧・根岸界隈の「山」

本牧見晴らし山　●標高 40 m
かながわ百名山

▲▲	ウオーキング級＋町の地図読み
🕐	3 時間
📅	9〜6月

展望★　自然★　＋α★★★

　山手、本牧。港ヨコハマ観光の核心部だ。しかしそこは多摩丘陵の一角、山らしき地形が連続。山を拾いつつ、つなぎつつ歩く。通常の観光とは一味違う、「お山」視点ならではのヨコハマウオークを堪能しよう。

根岸駅を出るとすぐ眼前に山の壁が。のっけから「山登り」で、まずは根岸森林公園へ。登り着くと、山上の窪地に広やかな芝生が広がり、一角には水系、梅園があり桜の名所でもある。ぐるり回ってドーナツ広場を目指す。緩いマウンド状で相対的に標高が高く、一端には見晴台もあるので、ここを本日最初の山頂とみなせばいい。魔王の要塞のような旧一等馬見所も必見だ。

　次の目標までは山上道路を進むが、数か所に紛らわしい分岐があり、町中の地図読み力が求められる。下り道が本格化したら間違えた証拠、引き返そう。やがて、東西に長い本牧山頂公園の西端に着く。横浜市でも面積でベスト10に入る整備の行き届いた公園だが、なぜか人は少ない。東端が駐車場もある表口だからで、歩くうちに賑やかになってくる。ここは手入れの良い樹が見事で、大きさと形が存分に楽しめる。最高地点が見晴らし山だ。築山だが桜に囲まれ、富士山などの眺めがよく、本日2番目の山頂といえる。

　一旦、山を下る。町中もなるべく樹林を意識できるルートをつないでいく。いわくありげなワシン坂を登ると再び山上部、右手にはチラホラと横浜の港湾風景も見えてくる。

　最後は山手の観光ルートの各山を踏破する。フランス山、アメリカ山、イタリア山。いずれも山頂らしき地形はなく、下界から見ての相対的山風景ということだろう。それでも山は山、しかも名門ぞろいだ。ラストのイタリア山は、瀟洒な庭園が素晴らしく、展望も秀逸。ハマの山巡りの締めくくりに相応しい。

　本牧山頂公園の見晴らし山を下る

📝 根岸森林公園

慶応2年に開設された横浜競馬場が前身で、わが国の近代競馬の嚆矢を飾り、各地の競馬場のモデルともなった。戦後は米軍に接収されてゴルフ場に、全域に芝生が広がる美しい景観はその名残だ。接収解除の後、公園として公開されたのが1977年。お隣の本牧山頂公園も接収解除後の公開は1988年と新しい。どちらも接収によって開発を免れ、市民共通の憩いの場となっているのは皮肉な話ではある。

旧一等馬見所

📍 【往路】 根岸駅 （JR根岸線）
　　【復路】 石川町駅 （JR根岸線）

気になる木、本牧山頂公園で

アメリカ山公園
元町・中華街駅
フランス山
外人墓地
石川町駅 0:30
イタリア山公園
丘の公園
港の見える
韓国領事館
0:45
ワシン坂病院
ここから
ワシン坂を上る
コーナン本牧
フロント店
歩道と
自転車道が併走
本牧宮原口
森のデッキ。見事な
ヒマラヤスギがある
本牧せせらぎ
公園
根岸線
山手駅
見晴らし山
0:20
本牧山頂公園
和田山の丘
入口
和田神社
和田山
ドーナツ広場
旧一等馬見所
0:30
ここから公園エリア
信号機「滝之上」
0:45
根岸森林公園
つづら折りの
階段
数か所の分岐
(道標なし)を
間違えないように
0:15
根岸線
根岸駅
バス停のすぐ先の
小道へ左折

N

0　　　300m

25

金沢の三山

金沢八景をつなぐ山・海・町

金沢山　●標高 76 m
かながわ百名山

▲　ウオーキング級＋町の地図読み
🕐　2 時間 10 分
📅　9 〜 6 月

展望 ★★　自然 ★★　＋α ★★★★

　金沢三山とは、通常は称名寺裏手の 3 つの連山を指すが、ここでは金沢区の海岸部に散在する 3 つの山塊をつなぐコースとして紹介したい。一帯は鎌倉に劣らぬ歴史の宝庫、名勝金沢八景も感じつつ歩いてみよう。

　金沢文庫駅東口を出て、すぐに高台の住宅地に上がりそのまま三山トップの金沢山の山道に入る。遊歩道として整備されているが、アップダウンが激しく結構きつい。山頂からは眼下の称名寺と、シーサイドラインや八景島などとの、新旧混然となったパノラマが決まっている。また、この山は照葉樹林が見事で、ミニサイズながら原始境を散策する感覚に浸れる点も注目だ。

　称名寺境内から海岸へ向かう。海の公園は人工の浜ながら実に広大、できれば端から端まで歩いてしばしの海岸散策に浸りたい。公園を外れたら、野島公園駅から野島に渡る。ここで見逃せないのが伊藤博文別邸だ。明治憲法制定後に居宅としていた建物で、近年整備され無料で邸内を見学できる。レトロなガラス窓から、八景島などの少々ゆがんだ情景が乙なもの。

　邸のすぐ近くから第 2 の山である野島展望台を目指す。円形の展望台からは 360 度のパノラマ、先刻登った金沢山、歩いてきた海の公園、そしてこれから目指す権現山方面を確認しておこう。

　野島から本土（?）に戻って平潟湾沿いに歩く。船が浮かび、シーサイドラインが天を画する静かな湾風景が楽しめる。再開発が済んだばかりの金沢八景駅を一跨ぎすると、3 山目の権現山へ。山域は広いが、遊歩道が整備されているのは僅かだ。未だ権現の山頂には達していないが、高みからは最前登った 2 山がよく見える。眼下に広がる金沢の景色、金沢八景を幾つ確認できるだろうか。

　野島展望台からの眺め。中央が金沢山、海の公園

📝 称名寺の風光

鎌倉時代中期に北条実時によって開かれた称名寺は、町中にありながら山奥の古刹のムードが漂う。背後の金沢山が、屏風のように寺の風光を締めているからだ。尾根を隔てた裏側には神奈川県立金沢文庫があり、数々の史跡資料を展示している。大切な書物を火災から守るために尾根を介在させた古人の叡智だ。そして司馬遼太郎も絶賛した、双方をつなぐ隧道に注目を。特に文庫側から寺側に抜ける時、隧道の果ての半円の光形が次第に大きくなって、一気に境内の風光が開ける動的な視覚を確認して欲しい。

📝 金沢八景とは

江戸元禄期に、中国の僧：心越禅師が瀟湘（しょうしょう）八景になぞらえて八編の漢詩を詠んだとことが発端。由来、多くの文人が訪れ、１９世紀には庶民の観光対象に。さらに、安藤広重によって描かれた「武州金沢八」により、世に広く知られるようになった。本コースでは八景中、五景が対象となる。特定の目標物があるわけではないので、現代風景の中に古の美景の残照を感じ取ってみたい。

□は金沢八景
（本ガイドでは五景を紹介）

眺めよし
金沢山

住宅地の奥の幅広階段

北条実時墓

称名晩鐘

0:20

県立金沢文庫

金沢文庫駅

交番の角を曲がる

称名寺

海の公園柴口駅

八景島駅

薬王寺

0:25

海の公園

0:25

N

0 　　300m

海の公園南口駅

バーベキュー場

京浜急行

金沢八景駅

0:05

権現山

行き止まり・66
この先は金沢八景権現山公園、入場は9:00〜17:00

瀬戸秋月

金沢八景駅

京急線を跨ぐ

八景橋

平潟落雁

野島公園駅

0:25

乙艫帰帆

伊藤博文別邸

野島夕照

野島展望台

0:25

長い階段を下る
夕照橋：富士山が見える

📍 【往路】金沢文庫駅（京浜急行）
　【復路】金沢八景駅（京浜急行、シーサイドライン）

秋葉山・本堂山

古墳の山から水の公園の山へ

本堂山↑ ●標高 82m　かながわ百名山
秋葉山　●標高 85m　かながわ百名山

ウオーキング級＋町の地図読み

1時間45分〜2時間15分

9〜6月

展望　自然★　＋α★★

相模川東岸に拡がる相模野台地は、横浜川崎エリアからは離れているが、ローム層が覆い地質的には同一性がある。住宅地が隈なく広がる中に、断片的に残された自然や史跡に、小さな山地形を探し出してみよう。

相鉄かしわ台駅から西へ向かって歩いていくと、斜面に展開する住宅地の高みに、林がスカイラインとなって現れる。住宅の背後でそれと知れなかったのだが、近づいてみると一連の小さな山地形であることがわかる。これが秋葉山で、山であるよりも秋葉山古墳群として知られ、由来などは現地の詳細な案内看板が役に立つ。1号墳から5号墳までが曲がりつつ連なり、順にたどれば縦走登山ができる。歴としたミニミニ山脈というわけだ。戦後に住宅地に囲まれてしまったが、紛れもなく一帯の最高ポイントに当たり、古代の豪族の当主が何処に葬られたかったのかが窺い知れよう。2号墳が一番高く、海老名市の最高峰でもあるので、ここを秋葉山の登頂達成ポイントとすれば良い。

では次の山へ。西へと下り小田急線と平行に北に進むと、座間駅を経て座間谷戸山公園に至る。園内は広い。さくっと回るか、じっくり回るかは、時間と現地の感触から決めると良い。いずれにせよ散策のラストに最高地点:本堂山に上がりたい。「伝説の丘」とも呼ばれ由来が気になるが、近隣にある星谷寺の本堂があったと、それだけのことらしい。が、ここのムードはいい。竹林などに覆われた広く緩やかなピークは明るさがあり、湿り気のないカラッとした伝説を想起させる。

一段下れば、相模台地と丹沢山地の眺めのいいスポットが。両者の中間に相模川が流れ、河岸段丘を形成して立体的で雄大な景観をなしている。古墳・里山と人文に触れてきて、ラストは大地の営みを見つめてみたい。

本堂山・伝説の丘「伝説」のムード漂う本堂山のピーク

📝 座間谷戸山公園

公園一帯は、縄文時代から人の暮らしが営まれており、近年まで里山の風情を残す場所として親しまれていた。園内にある里山体験館は、囲炉裏や広い土間のある作りで、里山の歴史を知ることができる。園全体の地形的な特徴は水系が充実していることだろう。田んぼがあり、湿地があり、池があり、それをぐるりと山地

公園の中心に位置する「水鳥の池」

が取り巻いている。山間部からの湧き水が多いそうで、それがここの豊富な水を維持しているわけだ。

📝 秋葉山古墳群

3〜4世紀に造営されたもので、ここが貴重とされているのは、東日本ではごく早期のものであること、さらには時代による形状の変化が見て取れることにあるという。

📍 【往路】かしわ台駅（相鉄）
　　【復路】座間駅（小田急電鉄）

地質と歴史・ハイキング

鎌倉を含む三浦半島北部一帯は、泥岩が主体の逗子層と、凝灰岩が主体の池子層とが入り組む。この中で池子層は、やぐらの分布と見事に一致している。やぐらとは、鎌倉中期に手狭になった市中で墓地造営が禁じられたため、やむなく周囲の山中に横穴を掘って法華堂などを造営したものだ。池子層の凝灰岩なら鎌倉当時の工具でも加工がしやすかった反面、風化にそこそこに耐えるので800年後の今日まで原型をよく留めている。

一方の泥岩はより加工しやすいが、風化には耐えられない。また、もっと年代が古く固結度の高い、北相模の小仏層や丹沢一帯の硬い岩石では、鎌倉期の技術では容易に刃が立たなかったのではないだろうか。朝夷奈（→10コース）、名越（→9コース）など現代なおその姿を留める切通し道も池子層エリアだ。鎌倉時代の史跡の大半が失われた中で、やぐらや切通しは創建当時からの姿をそのまま眺められる稀有な存在であり、たまたま池子層が鎌倉周辺の山

中に分布していたお陰といえるだろう。その後も凝灰岩は石材として利用価値が高く、近世以前はお猿畠の大切岸（→9コース）で、明治以降は鷹取山（→12コース）で大いに掘削された。

翻って現代、両者の地質の違いの影響を最も大きく受けているのは、ハイカーに他ならない。材質の違いは著しいが、地表部は風化していて素人目に区別しにくい。両者の違いを身をもって知るのは足の裏なのである。凝灰岩はざらっとした感触で、濡れていてもそんなには滑らない。泥岩はそうはいかず、僅かでも濡れていればツルツルで、面白いように滑る。この両者の性質を知り、足裏で感覚を掴んでおけば、より安全に楽しく歩くことができるだろう。

池子層と逗子層、両者の配置が歴史の一端を決め、現在にあってはハイカーの安心安全を左右する。岩質に秘められたささやかなロマンといえようか。

お猿畠の大切岸

▲六国見山

▲天園

●鎌倉駅

▲衣張山

●稲村ヶ崎

●逗子駅

上空から、鎌倉・逗子の湾形が明瞭。内陸は尾根と谷が複雑に絡み合う。川沿いの沖積地や谷中は人工物で埋まっているが、丘陵上の宅地開発を免れたエリアが格好のハイクコースを提供してくれている。

三浦湘南エリア

地質・歴史・海の織り成す多様な山へ

関東地方の南岸を占めるのが、三浦半島と相模湾沿岸の湘南エリアで、複雑な地質形成史が刻まれている。海底で堆積した地層が隆起と沈降を繰り返す中で、尾根と谷が絡み合う「細密な」山地形を形成するに至った。ただでさえ複雑な地形に、鎌倉を中心とした日本史の表舞台であり続けたことから歴史性も加味され、相乗作用によって、奥の深い多様性に富んだ山々が展開している。さらには海が控えていることもこのエリアの見逃せないメリットだ。市街地の裏山、意外にも奥深い山、そして代表的な島の山を紹介したい。

大丸山・天園

歴史と自然豊かな近郊歩き

横浜市金沢区から鎌倉市北部にかけて、大いなるグリーンゾーンとしてまとまっている。何よりこの一帯は、歴史と自然が程よく融合した洗練されたムードが漂う。全線歩き通すコースと、一部バス利用のコースで紹介。

大丸山↑　●標高156m　かながわ百名山
天園　　●標高159m　かながわ百名山

🏔 軽ハイク級
🕐 1時間50分〜3時間
📅 9〜6月
展望★　自然★★★　＋α★★★

出発は金沢文庫駅。住宅街を歩いて、整備されたハイキングコースに入る。広場のある能見堂は江戸時代には観光名所、しばし当時の行楽気分に思いを馳せてみよう。森の中の気持ちの良い道が続くが、実は稜線の両側を宅地開発に蚕食され、自然地形は1本の線状にしか残っていない。そこに、実に上手くコース取りしてあるので、時には深い山中を歩いているように錯覚することもある。

バス利用の場合は金沢動物園から合流。しだの谷へ下る。湿地帯に複線の木道が伸びるが、谷を埋める森に洗練された美しさがあり、ここの自然景観は一級といっていい。一転して喧噪の高速道路脇、ジャンクションを潜り池畔に出ると、横浜市最高峰

である大丸山への登りになる。山頂からは、東京湾から八景島、金沢区が一望。

尾根道の本線に合流して鎌倉に向かう。照葉樹の森林浴が楽しめる歩きやすい道だ。やがて足下には横浜霊園、彼方には富士山なども見つつ、鎌倉エリアに突入。

天園から獅子舞の谷に下る。ここの紅葉は三浦湘南エリアではピカイチ。シーズンはじめはイチョウの黄葉、やがてモミジの紅葉が圧巻。鑑賞するなら西日の入る午後がお奨めだが、観光客でごった返す。この先、小さいけれども風格のある渓谷を下って二階堂の宅地に出る。池と礎石だけの永福寺を過ぎ、終点の鎌倉宮へ。バス便があるが、鎌倉駅まで30分ほど歩いて町の風情や小町通りなどを楽しむのもいい。

圧巻！獅子舞ヶ谷の紅葉

横浜市最高峰

横浜市には最高峰と最高地点がある。最高峰は大丸山の156m、最高地点は天園の159m。天園にある最高ポイントが地形的な山頂には当たらないため、このような仕分けにしているようだ。しかし天園の現場地形は山頂らしくもあるので、こちらを横浜市最高峰として統一した方がしっくりくる。また、159mは隣接の鎌倉市最高峰：大平山であって、天園のトップは実質157m台ではないかとの見方もある。

【往路】金沢文庫駅（京浜急行）

バス利用の場合：金沢文庫駅西口【京浜急行バス野村住宅センター行き15分　毎時4〜5本】夏山坂上
※土休日は金沢動物園行きが毎時2本ほど運行するが、バス停が多少園寄りになる程度のメリットしかない。

【復路】大塔宮【京浜急行バス鎌倉駅行き15分　毎時2〜3本】鎌倉駅（JR横須賀線）

衣張山
きぬばりやま

鎌倉中枢の山で史跡巡り

衣張山　●標高 120 m
かながわ百名山

🏔 軽ハイク級＋町の地図読み

🕐 1 時間 50 分

📅 9 〜 6 月

展望 ★★　自然 ★　＋α ★★

　鎌倉市街の東寄り、杉本寺から海岸方面へ抜ける古道が、衣張山付近の尾根上に通っていた。現在、山頂を通る道は平成巡礼道と名付けられ、山中の数々の史跡を効率よく巡り歩けるのがこのコースの魅力である。

　バス停から町中を歩くが、ほどなく鬱蒼としたスギ林の山間部に突入する。こうしたどんでん返しの妙は、鎌倉の山歩きの魅力でもある。ひと登りで衣張山の山頂だ。眺望は抜群で、相模湾・富士・丹沢・箱根と見事なパノラマが連なり、また町に食い込んでいる山だけのことはあって、鎌倉の町並みが手に取るように見られる。広い山頂の一角には、石仏群がさりげなく立ち、歴史と自然の融合に癒される居心地良いピークだ。

　次いで標高がほぼ同じ浅間山を越え、住宅街脇の公園を抜け、再び尾根上の山道に入る。途中、左手の一段下がった所に並走する道に進むと、右側に浸食された地層が鮮やかな崖が現れる。ここは、お猿畠の大

切岸と呼ばれ、中世の石切り場の跡とされている。なおも進むと名越切り通しに出る。数ある鎌倉の切り通しの中で、防衛のための造形が最も顕著だ。ぜひ崖上にも上がって眼下の道を見下ろして、攻め寄せる騎馬武者を迎え撃つ気分を感じてみたい。

　もうひとつこの付近で見逃せないのが、まんだら堂やぐら群だ。やぐらとは、鎌倉中期以降に盛んに山中に造成された墓所の横穴のことだが、ここは規模が大きく、崖に何段にも連なり、まるでお墓のマンションといった風情がある。

　少し戻って大町へと下る。横須賀線の線路を見下ろす谷筋を下っていく。最後は、鎌倉らしい新旧混じる町並みを楽しみつつ駅まで歩く。

展望と歴史ムードの揃う
衣張山山頂

📝 まんだら堂やぐら群

やぐらは大概の場合、山奥の狭い所に窮屈そうに並んでいて、暗い
ムードが漂っているのだが、ここのやぐら群だけは、広場に面して
いて規模が大きく、開放的で明るいのが売りだ。春と秋の土日月祝
日に限って開放され、ボランティアの案内人から解説を受けること
もできる。　※逗子市社会教育課 文化財保護係 ☎046-873-1111（代）

📝 衣張山の由来

山名の由来は、夏の暑い最中、源頼朝が涼を求めた妻の政子に
応えて、白絹を山頂部に懸けさせて雪山もどきを現出させたと
いうもの。下界からはこの山は見分けにくいのだが、由比ガ浜
からならバッチリだ。衣張山とすぐ右隣の浅間山が形の揃った
二つのピークとしてよく望まれる。なるほどあの頂に白布を掛
ければ涼しげに見えるだろうな、と想像が膨らむ。

清水湯：鎌倉中央部唯一
の昭和レトロな銭湯。熱
めの湯だが、ハイク帰り
の＋αに。月・水・金が
定休。15:00 ～ 21:00

【往路】鎌倉駅（JR横須賀線）
【京浜急行バス金沢八景駅または鎌
倉霊園正門前太刀洗行き 15分 毎
時4本】杉本観音
【復路】鎌倉駅

杉本観音バス停
平成巡礼道の看板
見事なスギ林
愛くるしい道祖神が
鎮座している
衣張山
浅間山 120
公園に出る
関東富士見
百景の看板
脇道に入ると
眺めのよい
小ピークあり
お猿畠の大切岸
まんだら堂やぐら群
名越切通
横須賀線の
踏切を渡る
鎌倉駅
辻説法跡
清水湯

300m

鎌倉アルプス

<ruby>朝夷奈<rt>あさひな</rt></ruby>切通から人気コースへ

六国見山　●標高 147 m
かながわ百名山

▲	軽ハイク級＋町の地図読み
⏱	3 時間 10 分
📅	9 ～ 6 月

展望★★★　自然★★★　＋α★★★

　数あるご当地アルプスの中でも老舗的存在が鎌倉アルプスだ。道そのものも面白く、シーズンには大混雑する。そんな人気コースの両端に、鎌倉らしさを特徴づける＋αをつなげて、ぐんと充実度を上げてみたい。

鎌倉入りは歴史ある朝夷奈切通から。深く穿たれた崖の底を抜け、石切りの痕跡と小さな仏像レリーフのある峠は、怪しげながらムードは満点。下り始めると、ここは川の源流でもあり、ほどなく道全体に水が流れ始め、小さな川に収斂されていく。

<ruby>十二所<rt>じゅうにそ</rt></ruby>からは、一般コースではない道を登る。少々ヤブがちでぬかるんだ所もあるが、道はしっかりと続いている。瑞泉寺からの鎌倉アルプス本道に合流すれば、そのまま天園に導かれる。

岩峰である大平山からは道が狭くなる一方、ハイカーはぐんと増えるので、すれ違い待ちが頻繁になってくる。唯一のロープのある岩場では渋滞待ちも。ただ、沿道は小さな切り通しや、洞門状の壁があるなど変化に富んで

いて楽しい。本来は手段に過ぎない筈の道そのものにも興趣が湧いてしまうのが、鎌倉アルプスの真骨頂だろう。

途中、百八やぐら（道の南側へ下る）と、十王岩（道の北側に上がる）は見逃せない歴史スポットだ。建長寺への分岐を過ぎたのち、標識通りの北側の住宅地に入らず、そのまま尾根道を進む。一山越えて、明月院から伸びる谷戸傾斜地の住宅地を抜け、ジグザグの道と階段を上るとラストの山道に入る。こちらは鎌倉アルプスのメインコースからは外れているので、ぐっと人は少ない。

静かな道を上り下りすると、急に天が抜けて六国見山展望台に出る。少し下ると、すぐ新興住宅街だ。左手の山を巻くように下っていけば、横須賀線の線路が見えてくる。

路面に水の通う朝夷奈切通道

百八やぐらと十王岩

やぐらは鎌倉時代中期以降に鎌倉の山中に盛んに作られたお墓や法華堂の名残で、当時の姿を留める貴重な遺構である。ここ百八やぐら（写真）はハイクコース南面に幾層にも横穴が並び、数の多さでは鎌倉随一。

十王岩は鎌倉の北の結界に当たり、若宮大路から鶴岡八幡宮に至るラインの延長上に位置する。岩上からそのラインが見て取れるので、源頼朝の描いた都市計画を確認してみよう。

六国見山展望台（ろっこくけんざん）

六国見山本峰は展望もない道上の一点にしか過ぎないが、その先に素晴らしい展望スポットがある。富士塚の名残が、お椀を伏せたような土塊になっていて、富士箱根の山々、横浜のみなとみらいのビル群、そして何より正面の幾重にも連なる鎌倉の山並みが素晴らしい。遠く鎌倉の市街地以外に人家が見えないのは谷底にあるためで、住宅街のすぐ裏なのに深山にいるような感覚が得られる、奇跡的な展望スポットなのである。

【往路】金沢八景駅（京浜急行）
【京浜急行バス鎌倉駅行き、神奈中バス大船駅行き、上郷ネオポリス行き10分計毎時約5本】朝比奈
【復路】北鎌倉駅（JR横須賀線）

十王岩からの若宮大路

二子山と森戸川源流

個性ある三山から川の始まりへ

二子山　●標高 210 m
かながわ百名山

▲	軽ハイク級＋町の地図読み
🕐	2時間45分〜 3時間45分
📅	9 〜 6月

展望★★　自然★★　＋α★★

　　三浦半島随一の高度差を誇る登山ルートが、阿部倉山と上下から成る二子山との三山縦走で、そこから奥深さ際立つ森戸川源流域へと下る。往復バス利用なら3時間を切るが、本数が少ないので駅から徒歩も紹介したい。

阿部倉山から登るが、登山口がわかりにくく目立つ標識もないので地図を見ながら慎重に入山する。ただし登り始めてしまえば分りやすい一本道に。

　山頂で休憩し展望を楽しんだら、急に下った後、トラバース気味になってから尾根上に乗る。一山越えると、ロープもある急登になり下二子山に登り着く。展望は無いが照葉樹に覆われ、林床にはアオキが繁茂する。森に包まれた穏やかさが何ともいえない。そして上二子山へ。せっかく登った下二子山から50ｍ下り、同じだけ登り返す。三浦の山々の中で一番のギャップだ。なにせ両二子山間の落ち込みは、遠く宮ヶ瀬湖畔の山上からでも目に映るほど。

　上二子山の山頂ムードは下二子山とは文字通りの真逆。明るく開け、みなとみらいを始め、横浜や東京方面の眺めがいい。山頂にNTTの巨大な電波塔が立っているが、広い故かさほど気にならないし、立派な一等三角点標石が目を引く（→ 110ページ）。

　しばし林道を下ると、源流に下るルートが分かれる。初めチョロチョロと湧き出した水が、奔流になっていく様が歩きながら体感できる。本流に出合うと、徒渉を繰り返すが増水時以外は登山靴なら問題ない。

　森戸川の南沢が合流するポイントで林道に上がる。車は来ないので遊歩道感覚だ。途中、河原に下りられるポイントはお見逃しなく（標識なし、写真下）。ゲートを過ぎれば住宅地になり、山の様々な要素が凝縮された、三山＆源流歩きを終えることになる。

森戸川中流域の河原風景

📝 阿部倉山

かつては植林帯の地味山であった阿部倉山は、ここ数年で大きく変身をとげた。地元のボランティアグループ「阿部倉山山の森保全の会」が、阿部倉山を誰もが楽しく登れる山にしようと、地権者の了解を得た上で、富士山の見える展望広場はじめ、桜や紅葉の名所になるように精力的な活動を行っている。かつての地味山が植生豊かに華やかになっていくのは嬉しい。

📝 森戸川源流域

森戸川の合流地点で

森戸川は小河川ながら、水が滴り始める源流から海に没する河口まで、短時間で川の一生を見ることができる。上流で川は3本に分かれ、しっかりした地図読みの技術があれば沢登りの装備がなくとも源流までたどれる。かつては訪れる人も希だったが、ここ10年ほどで入山者が増える一方で、遭難騒ぎも起きている。本コース紹介のルートは道標もあり安全度は高いが、その他のエリアには経験者同行でなければ立ち入らないことだ。また、まとまった降雨中や直後は、沢筋には入らないようにしたい。

📍 **【往路】逗子駅**（JR横須賀線）**または逗子・葉山駅**（京浜急行）
【京浜急行バス南郷中学校行き10分、1本/1時間】川久保
【復路】川久保【京浜急行バス逗子駅行き10分　1本/1時間】逗子駅または逗子・葉山
※長柄交差点バス停までなら10分おきくらいに運行されているが、逗子・葉山駅からバス停まで歩いても15分ほどなので、さほどのメリットはない。※問い合わせ：京浜急行バス逗子営業所 ☎ 046-873-5511

鷹取山

岩の殿堂から山間の古刹へ

鷹取山は湘南妙義とも呼ばれ、戦前からロッククライマーの岩登り道場として、格好の舞台となってきた。クライミングを眺めつつ、三浦エリアきっての古刹である神武寺に抜ける、新旧ミックスのハイキングとなる。

鷹取山　●標高 139 m
かながわ百名山

🏔 軽ハイク級＋町の地図読み

🕐 1 時間 40 分

📅 10 ～ 6 月

展望★★　自然★★　＋a★★

追 浜駅を出たら、すぐ裏手の病院の駐車場に上がると、そのまま尾根道に導かれる。これがなかなかのヤセ尾根になっていて、早くも山歩き気分に浸れるわけだ。ほどなく広大な湘南鷹取住宅地に出る。道標もなくわかりにくいが、山方面を目指していけば大きく外すことはないだろう。

山中に入ると、上下左右に屈曲した遊歩道が続く。ここの醍醐味は、アートな岩空間を巡り歩くことにある。美術館の鑑賞よろしく、一つひとつ丁寧に辿っていくとよい。ハイライトは戦後に穿たれた巨大な磨崖仏だ。一目見れば圧倒されることは間違いない。アート鷹取の集大成と納得できよう。

公園エリアの中央に出たら、展望台を往復する。360 度の大パノラマ、富士山から東京湾までバッチリだが、この山ならではの眺めは岩登りに興じるクライマーの姿だろう。休日なら、どこかしらに取り付いているはず。

「神武寺」の道標に従い縦走コースへ。鎖付きのほどよい岩場や、展望コーナーもあり、短いながら変化に富んだ山歩きが楽しめる。下りが主となるとほどなく山間の古刹：神武寺に出る。山中に伽藍が点在、下界の寺社とは違ったムードが好ましい。秋の紅葉は特に見事だ（→ 10 ページ）。

最後は渓谷の道を下る。ここも短いが深山のムードが素晴らしく、住宅街のすぐ裏手とは信じられない。凝灰岩そのままの苔むす階段や、洞門状の通路など歩く喜びに満ちている。最後に、一挙に町中に抜け出す感触が、また心地よい。

鷹取山名物：岩壁とクライマー

鷹取山の成り立ち

全山が池子層という凝灰岩（火山灰が積もって固結したもの）から成っている。加工しやすい一方で適度な硬さがあり風化によく耐える。東京近郊で至便なことも手伝って、切り出しやすい理想的な石材として、明治から大正期にかけて盛んに採掘が行われた。切り残された岩が、垂直な壁面を自由自在に展開させて、アートな地形空間を現出したのである。昭和に入ると、本格的な岩登りを志すクライマーの練習道場として注目された。壁には無数のハーケンを打ち込んだ穴が残され、その模様がまた岩壁の芸術性を引き立てるのに一役買っている。

神武寺駅

全国的にも唯一のスタイルの駅といえる。踏切を隔てて、線路の両端に改札口があるのだが、片方は米軍関係者専用なのである。抜ければそのまま米軍池子住宅地のエリア内となる。残念ながら（?）、一般のニッポン人は入れない。

園内の路上表記は英語

池子の森自然公園へ

今少し歩きたければ、神武寺駅のホームに沿って進み、池子の森自然公園へ向かうと良い。今なお米軍の管理下にあるエリアだが、水・土・日曜日の日中に限り、日本人にも開放されている。それゆえに園内の看板類が英語優先なのが目を引く。公園自体も谷戸の自然をそのまま生かしたもので、遺跡資料館など設備も整っている。

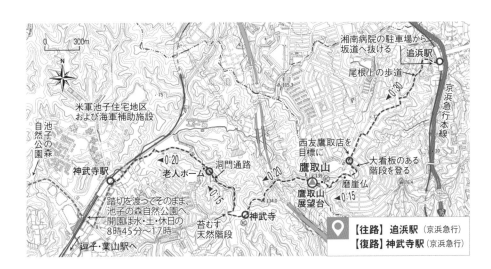

大楠山

大展望から海へ、偉大なる低山

大楠山 ●標高 241 m
かながわ百名山

🔺 軽ハイク級
🕐 2時間20分
📅 9〜6月

展望★★★　自然★★　＋α★★

　低山の中では、全国レベルの名山といっていい。歴史的にも存在感の高い三浦半島の最高峰であること、そして大展望が待つ。登るコースは7本を数えるが、最もバラエティーに富むコースを選択してみたい。

　プロローグは湘南国際村。山上の近代都市と言ったムード、最高部からの展望の広やかさに驚く。町並みを外れると、一転して樹の少ない裸地の背後に目指す大楠山が横たわる。ここは湘南国際村の第2期開発地区のなれの果て、元の森に戻すべく植林などされてはいるが……まあ開放的な風景は悪くはないとしておこう。

　緩やかに車道を下った果てに登り口がある。階段混じりの急登りが続くが、自然林が心地よい。分岐を左に進むと山頂広場で、大展望塔が建つ。東に東京湾、西に相模湾、半島ならではの双方向に見える青海原。背後に富士・丹沢・箱根・伊豆の山々、沖合に大島、東京・横浜の大都会も一望だ。周囲に比肩するような高い山がないことも手伝って、標高1000 m級かと思えるほどの見事な大観なのである。

　一段西側に下がった大楠平は花の舞台となる。2月中旬の河津桜に始まり、やがて広場が菜の花の黄色に染まる中、背後には椿・コブシ・桜が次々と咲き競う。秋には一面のコスモスが風に揺れる。

　大楠平の脇から歩きやすい道を下っていく。下り着くと前田川にぶつかるが、川沿いの遊歩道をたどりたい。短くて小さいながらもなかなかの美渓、飛び石など歩く楽しさに満ち溢れている。締め括りは海まで出よう。ほどなく広重も絵にした立石に至る。近代都市に始まり、様々な曲折を経て最後は伝統ある名勝へ。通常の山歩きに数倍するバラエティーがここにはある。

📝 国土交通省レーダー雨量計

大楠平の一角には白亜の塔が建つ。場違いなくらいに高く大きいのだが、不思議にもそれなりに風景に馴染んでいる。国交省のレーダー雨量計で、天気予報の降雨データなどでお馴染みのもの。同種の施設は全国に26か所、広域カバーの必要性から山のピークに設置されている。大楠山は防災科学分野でも全国レベルというわけだ。広域をカバーするCバンド（大楠山が該当）と、比較的狭いエリアを観測するXバンドがあり、双方のデータを連携させることで全国一律に解像度の高い雨量情報を提供している。

📝 立石

浜辺や水平線など横のラインが連なり合う海岸にあって、立石の文字通りの縦の構図は、風景にインパクトをもたらし、これが昔の人の心にも響いたのだろう。夕刻の荘厳な美しさは格別だ。令和の人も江戸期の人も、感動する心に変わりはない。

📍【往路】逗子駅（JR横須賀線）または汐入駅（京浜急行）【京浜急行バス湘南国際村センター前行き30分】湘南国際村センター前　※バスはどちらも毎時1本程度
【復路】立石【京浜急行バス逗子駅行き25分、毎時5本】逗子駅または逗子・葉山駅（京浜急行）
※京浜急行バス逗子営業所　☎ 046-873-5511

武山三山

三浦南部のミニアルプス縦走

武山、砲台山、富士山（三浦富士とも言う）の三山は、周囲とは独立した山脈を形成している。典型的なミニアルプスで、行きと帰りのアプローチを、マイナーだがより充実したコースでたどってみたい。

武山　●標高 206 m
かながわ百名山

🔺	軽ハイク級
🕐	2時間40分
📅	10〜6月

展望★　自然★★★　＋α★★

京 急長沢駅付近の車窓から見える、こんもりした緑影濃い山がスタートとなる。マテバシイから成る見事な森であったが、2019年の台風、そしてナラ枯れ（→次ページ）が進んで往時の面影はない。それでもなお鬱蒼とした照葉樹の道を上り下りして、まずは三浦富士へ。江戸時代からの自慢気な登頂記念碑が並び、本家富士山が見えるのもご愛敬だ。

三山縦走ラインに入ると、一般車は入れない車道が合流してくる。この先の砲台山への物資補給の軍用道路の名残である。車道ながら樹相豊かで、遊歩道を闊歩する気分、途中の展望スペースからは海の眺めがいい。砲台山へはちょっと寄り道、山名通りの巨大なコンクリート壕に驚かされる。

武山との鞍部にあるスダジイの巨樹は必見、大きさを把握するには少し離れて見た方がいい。ラストの武山に登ると、途端に賑やかになる。武山不動は山の最上部にある由緒ある古刹だ。一方、レストハウスの上の展望台からはパノラマが期待できる。

下山は南へ、森の道をたどる。車道に出て、標識の示すルートは谷に下るのだが、あえて無視してそのまま広大な畑の作業道を歩きたい。パッチワークのような畑はそのままアートだし、背後には富士山、海、そして今歩いてきた武山三山が鮮やかに目に映る。ここでの歩きは気宇壮大な気分に浸れること間違いなし。最後は海まで足を延ばしてみよう。津久井浜はマリンスポーツのメッカ、眼前に房総半島が近い。

武山　　砲台山　　富士山

武山三山の成り立ち

武山三山は小さいながら山脈として際立っている。この、見た目すっきり感には訳がある。山と平野の境界がはっきりしている上に、山間部がそのまま豊かな樹林に覆われているためだ。地図を見ても傾斜の緩急が明瞭に際立つ。実はこの境界こそ武山断層のラインなのである。地震の度に武山側が盛り上がり、今日の山勢を成したものだ。

ナラ枯れ

森林病害虫であるカシノナガキクイムシが、病原菌である「ナラ菌」を増殖させることで、水の吸い上げる機能を阻害して枯死させる樹木の伝染病。ブナ科でドングリを実らせるナラ類やシイ・カシ類が侵される。1980年代以降、日本海側を中心に拡大し、近年、全国的に被害が増加。三浦半島では2020年にピークを越えた。

長沢駅近くの山林、薄茶色の部分がナラ枯れした樹木のエリア

スダジイの巨樹

武山　200

武山不動

ここから山道
展望はなし
砲台山　204

ここから車道

0:20

海一望の展望スペース

0:25

・171

0:15

三浦富士　183

ここから車道
美人地蔵

小さなグラウンドを回り込む

この付近から富士山が見える→

ここの標識を無視してそのまま畑の車道を進もう

標識なし、東に進む道に入らぬよう

0:50

マテバシイの森

100

小さな標識あり
階段を上がる

△42.6

京急長沢駅

京急急行

・27

一群の庚申塚

0:40

N

0　　300m

スダジイの巨樹

スダジイはブナ科シイ属、暖地の低山や里山でよくみられる。枝が放射状によく分岐するので丸い樹形になる。件の巨樹は高さ15m幅20mに及ぶ。

津久井浜駅

0:10

津久井浜の海岸

【往路】京急長沢駅（京浜急行）
【復路】津久井浜駅（京浜急行）

小網代の森界隈
（こ　あじろ）

小網代の森から異次元の岬へ

海・森・畑・湿原、小さなエリアに様々な要素がモザイクのようにはめ込まれた景観多様性がここの売りだ。次のステージに進む毎に風景がドラマチックに変化、最後に観光ズレしていない岬の大観が待っている。

黒崎ノ鼻　●標高 15 m
かながわ百名山

🏔	ウオーキング級＋町の地図読み
🕐	1 時間 55 分
📅	10 ～ 6 月
展望 ★★　自然 ★★★　＋α ★★★

三　崎口駅から小網代の森入口までは平坦な台地の上、畑や建物の中を歩いていく。それが森に続く谷に入った途端、風景は一変する。シダ類のアスカイノデが茂るジュラ紀の原生林のようなムードに。車道歩きからわずか数分間で一挙に異世界に飛び込む感覚だ。森の景観も多様性に富む。小さな水流に沿って歩くうち、谷底の風景も一変、オギなどの湿生植物の中の一本の木道、まるでリトル尾瀬でも散策している気分に浸れる。締め括りは、河口付近にある見事な干潟だ。

森の外れから急坂を登り畑地帯に抜けると、眼下に三浦半島らしからぬ広大な畑地、背後の相模湾の青さが目を奪う。その畑の一本道を真っすぐ海に向かおう。三戸浜は自然ムード濃厚な美しい浜で、波打ち際をひたすら歩く気分は最高だ。

浜が尽きて岩場になると程なくお目当ての黒崎ノ鼻に着く。岩礁と浜のミックス、眼前に連なるミニチュア山脈の迫力も中々のもの。その山に登れば、300度に渡って青海原が広がる。相模湾の背後には、富士・丹沢・箱根・伊豆の山々が延々と連なる。ここはもう駅から遠くない。にもかかわらず、全く観光化されておらず、付近に人工物の類が全く見られないのは、三浦半島の奇跡といっていいだろう。

台地に上がり、再び畑風景となるが、風景激変の後でこの単調さにほっとしつつ駅に戻る。同じ駅周辺が、来た時とは違って見えるだろう。

黒崎ノ鼻の通称「昼寝ヶ丘」で

📝 小網代の森

谷底で営まれていた農業が放棄され、一大リゾートスポットとして開発が計画されたいきさつを持つ。三崎口駅に着いたら、まずは線路がトンネルに果てる先を確認してみよう。その線路が森の中央まで伸びて、ゴルフ場やホテルを配したターミナル駅が作られる予定だったのである。幸い、社会情勢の変化などで開発の構想は沙汰闇になり、変わって有志のメンバーによる、谷戸の森の再生プランがスタート、十数年の歳月を経て、湿原を中心とする見事な森エリアに生まれ変わった。が、放置ではこの景観は維持できない。メンバーの地道で多大な活動は今なお、将来にわたって続けられるのである。

📍 【往路】【復路】三崎口駅 (京浜急行)

黒崎ノ鼻

300度の海のパノラマ

潮が高めの時はロープ利用で岩を下る。危険な場合は集落に戻り畑の上の道にう回する。

0:20 ▶ 畑地帯

高潮時のう回路

三崎口駅

坂を下るとフェンスの切れ間があり、ここから畑エリアに入れる

大規模な畑　広大な眺め

逆回りだと、ここの入口が極めてわかりにくい

0:20 ▶

0:30

小網代の森入口

小網代の森

小網代湾

シーボニアマリーナ

えのきテラス　0:25

油壺観汐荘

白髭神社

0:15　0:10

油壺温泉バス停

シーボニア入口

油壺湾

300m

カンカン石

👟 白髭神社から油壺へ

さらにこぢんまりしたプランをご希望なら、小網代の森内の分岐から油壺方面への道を取ると良い。小さな峠を越え、海岸際の白髭神社に至る。三浦七福神の一社であり寿老人を祀る他、不思議な金属音のなるカンカン石にも注目を。車道を尾根上に上がれば油壺は近い。

城ヶ島

地質学の宝庫の海岸歩き

城ヶ島　●標高 30 m

▲▲	ウオーキング級＋町の地図読み
⏱	2 時間 15 分
📅	10 ～ 6 月

展望★★　自然★　＋α★★★★

三浦半島の最南端に浮かぶ城ヶ島。島内の観光ポイントならよく紹介もされお馴染みだから、ここではマイナーながら絶品のスポットを追ってみよう。山らしさは感じられないのだが、あえて山を意識しつつ歩いてみたい。

城ヶ島オンリーでは物足りないので、せっかくだから三崎港から歩いて、島に近づき上陸する感覚を楽しみたい。マグロ漁業の基地として賑わう三崎の町は、昭和のレトロなムードを濃厚に残している。よだれが出そうな鮪や海鮮料理の店が並ぶが、帰りのお楽しみにとっておこう。

漁船の並ぶ北條湾を回り込んで大橋の真下から一挙に階段を上る。城ヶ島大橋はまさに天空の回廊だ。スカイウォークそのままに、東西に遮るものなく広がる大パノラマに息をのむ。眼下の青海原を行き交う船、三崎漁港、遠くには富士山も。この橋を車で一瞬のうちに渡り終えてしまうのが如何にももったいなく思えてくるだろう。

島に渡ったらまずは東端を目指す。整備された公園は 1 月ならスイセンの香りに満ちる。城ヶ島を「山」として扱うなら、公園中央の第一展望台の上を山頂とみなせばよい。青海原は南北に、三浦・房総の両半島もよく見える。

東端の安房崎から西へ反転するが、ここはぜひとも南岸の岩礁を歩きたい。荒々しい岩地形の中に、静けさ漂う潮溜まりなどホッとする空間が点在。動と静が入り混じったカオスのような世界に浸れる。岩の洞門（写真下）もあり、底部を波が洗い背後に白浜が見える様は、美景として実に決まっている。

後は定番のウミウ展望台や、馬ノ背洞門を見つつ島西端の城ヶ島灯台へ。締め括りは西海岸、ここから見る富士山、そしてなにより夕日がまた絶品である。

島の東南部にある無名の絶品洞門

城ヶ島の特殊性

城ヶ島は小さいながら実にユニークな存在だ。細長くて山上部が扁平。南北両サイドの景観は対照的で、三崎側は工場地帯や漁港が占めコンクリートで固められているが、太平洋側は岩礁が連なり大自然の美に溢れている。そして平らな台地上、半分は整備の行き届いた観光公園、もう半分は意外にも畑作地。以上、4つの顔を持っているのである。

地質学的にも特異な存在で、深く海底に引きずれこまれ隆起して地上に姿を現した地層群の中では、世界一新しいものという。海底から陸地に押し付けられ激しくもまれたその痕跡を、島のいたるところで見ることができる。地質の天然博物館といえよう。

展望台から見る島の東端部

城ヶ島大橋からの眺め

【往路】**三崎口駅**（京浜急行）
【京浜急行バス三崎港、城ヶ島、通り矢、浜諸磯行き15分　毎時4本】三崎港
【復路】**城ヶ島**【京浜急行バス三崎口駅行き30分　毎時2本】三崎口駅

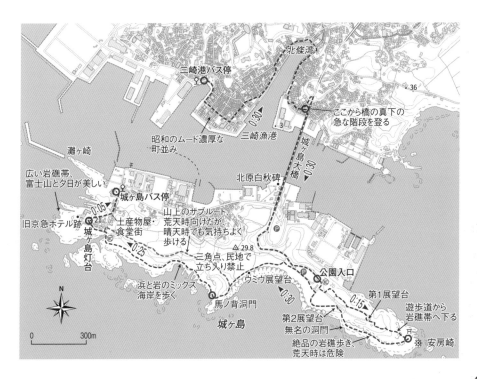

猿島

島の山から半島の山へ

猿島　●標高 40 m
かながわ百名山

🏔	ウオーキング級＋町の地図読み
🕐	1 時間 30 分〜2 時間
📅	年中

展望★　自然★★　＋α★★★

　東京湾に浮かぶ最大の自然島が猿島である。その地政学的な重要性から歴史の荒波に翻弄されてきた。現代では、要塞時代のレンガ遺跡が、蘇った自然と見事に融合して、アート感覚溢れる異空間となっている。

　日露戦争の日本海海戦で、連合艦隊の旗艦であった戦艦三笠のある桟橋から島に渡る。ごく小さな船旅でも上陸の瞬間は心躍るもの。島内をぐるりと、じっくりと周っておこう。日蓮洞窟やオイモノ鼻など島の反対側に下ることも省略なきよう。東京湾が意外に大きなものだと実感できるのは、島ならでは。

　見どころは、なんといっても自然と煉瓦遺跡の融合にあるだろう。島全体を覆う鬱蒼とした原生林………が、実は本来の原生林は島周辺の急斜面に残るのみで、大半は戦後に成長した樹だ。戦時中に高射砲を設置したため、山上部は禿山になっていたのだから。自然の回復力の強さに驚く。

　猿島を山として登るのなら、展望台（立ち入りはできない）のある山上広場一帯が島内で最も高いので、ここを山頂とみなせばいいだろう。周囲の眺めなら桟橋に近い海岸部が良い。横須賀の町並みと三浦半島の山々が手に取るよう。デッキや浜辺で、近過ぎた山：猿島の歴史に思いを馳せてみたい。

　三笠桟橋に戻ったら、記念艦三笠の見学もいいが、もう一つ押さえておきたい「山」がある。それが横須賀市街地の中核に位置する平和中央公園だ。令和になって全面リニューアルされ、あか抜けたムードが漂うが、最高部に三角点があり（ちょっと見つけにくい！）、標高は 56 m と猿島より高い。町並み越しに東京湾に浮かぶ猿島が手に取るように見える。公園の一角には横須賀市自然・人文博物館があるので、ぜひ見学を。

猿島、レンガの要塞通路

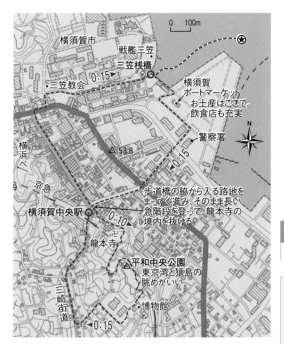

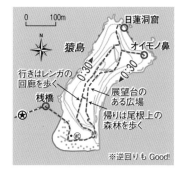

※逆回りも Good!

📍 【往路】横須賀中央駅（京浜急行）
　　【復路】横須賀中央駅

📝 横須賀市 自然・人文博物館

文字通り、三浦半島一帯の自然と歴史を総合的に展示している博物館。展示は多岐にわたり、企画展も充実。入口すぐの床一杯に広がる三浦半島の航空写真には圧倒される。入場は無料、月曜日は定休。

☎ 046-824-3688

📝 猿島

猿島は近年とみに人気が高く、シーズン中の休日は大盛況となる。バーベキューのレンタル、フードステーション、ガイド付き島内探検ツアー（所要30分、600円）など現代的観光資源も多彩。三笠桟橋から片道10分。夏季8便（猿島行き9:30〜16:30）、冬季7便（9:30〜15:30）。大人船賃1500円の他に、猿島公園入園料500円が必要。

※問い合わせ　㈱トライアングル　☎ 046-825-7144

📝 猿島山頂の展望台

コンクリート造の展望台は戦時中に防空観測所として造られたものだが、「仮面ライダー」のロケ地となり、敵役「ショッカー」の基地として何度か登場した。仮面ライダーの当時（昭和50年頃）のスチール写真を見ると、展望台は大半が青空に映えているが、現在は最上部まで深い樹林が蔽い被さり展望など望むべくもない。半世紀の樹木の成長の証がここにある。

江の島

今も昔もレジャーの殿堂

江の島　●標高 60 m
かながわ百名山

▲	ウオーキング級
🕐	2 時間〜 2 時間 30 分
📅	年中

展望 ★★★　自然 ★★　+α ★★★

これほど庶民に親しまれた島もないだろう。宗教的な修行の場に始まり、江戸時代にはレジャーランドとなり繁盛、そして今日なお人々を引き付けてやまない数々の娯楽・宗教施設が、島内に隈なく配されている。

江の島はれっきとした山である。遠く箱根や丹沢の高山から見ても、光る相模湾にきりっと、アクセントのように存在感を発揮している。

島の裏側まで巡るには、行き帰り 2 度の山越えが必須だ。往路は時計回りでエスカーのある参道を登り、帰路は島の北西側の道を下ると良い。断層に沿った崩落跡である「山二つ」、関東大震災で隆起した島裏の広大な岩広場、古来名所としての地位が揺るぎない岩屋（海蝕洞）。森に浸るなら山上の、竜神の森のムードがいい。山として自然を愛でるネタに事欠かない。

では、山ならではの登頂達成の証とするには、どのポイントに立てばよいか。まずは展望灯台（シーキャンドル）のトップだ。360度の海、山好きな人なら背後の山々の大パノラマに息をのむ。特に空気の澄んだ秋冬やトワイライトタイムなら絶品だ。そしてもうひとつ、自然地形に限れば、島の標高（60 m）を示す三角点付近（灯台直下）よりも、ゲート入口の海寄りにある展望デッキに接続している丘の方が 3 m 程高い。「江の島山頂」の看板を立てるならこちらだろう。ともあれ「山」を意識しつつ歩けば、普段の江の島とは別の風景が見えてくるに違いない。

一味プラスするなら稚児ヶ淵から渡船で戻ってしまう手もある。島内だけでは歩き足りなければ、県内唯一の五重塔のある龍口寺を参拝し、江ノ電の軌道区間を抜けて、再び海側に出て鎌倉高校前駅まで歩くことをおすすめしたい。

稲村ヶ崎から眺める夕暮れの江の島

👟 龍口寺

日蓮上人の龍ノ口法難に
因む日蓮宗の寺院。豪壮
な本堂の他、関東では珍
しく神奈川県では唯一の
五重塔があり、白色の仏
舎利塔と併せて、もう一
山を上り下りする感覚に
浸れる。

👟 江ノ電の軌道区間

江ノ電は江ノ島駅と腰越駅の間のみ、
首都圏では珍しい軌道区間となってい
る。つまりは路面電車なのだが、単線
であり、両側の車用の道幅も狭いのが
他にない特徴と言える。電車が近づく
と必死になって左右に逃れる車、逃れ
きれずに電車も立ち往生してしまうな
ど、周囲の商店街と併せて、レトロで
のんびりした昭和ムードを楽しんでし
まいたい。

📝 海蝕洞と山二つ

岸辺の崖の弱い所に、
波が窪みを削ってでき
た深い洞窟。ほぼ海水
面の高さに展開する。
「山二つ」は、海蝕洞窟
の天井部分が浸食によっ
て抜け落ちて、壁と谷
が残されたもの

【往路・復路】片瀬江ノ島駅（小
田急電鉄江ノ島線）、江ノ島駅（江ノ
島電鉄）、湘南江の島駅（湘南モノ
レール）
※凡そ日本中を探しても、私鉄路線が
3本も玄関口になっているような観光
地は稀だろう。古来、江の島が一流の
レジャースポットであり続けた証では
ないか。

湘南平三山

山から海へ、多様なハイク

湘南平　●標高 181 m
かながわ百名山

🏔	軽ハイク級＋町の地図読み
🕐	2時間15分～3時間20分
📅	9～6月

展望 ★★★　自然 ★★　＋α ★★★

相模湾のカーブの中央に、それこそ唐突に一群の小山地が飛び出している。大きさの割にその印象は強烈だ。湘南平は車でも上がれるが、徒歩で、それも三山縦走の果てに登り着けば、感動の度合いは計り知れない。

まずは東海道線に沿って高来神社に向かう。境内の裏手が登山口で、男坂・女坂の他に遊歩道が四通八達しているので、気の向くコースを選ぶと良い。高麗山の山頂は豊かな照葉樹林に囲まれた円形状の広場になっていて、展望はないが他では得られない独特のムードを持っている。

ここから三山縦走コースになるが、メリハリの効いた程よいアップダウン、自然の林相が豊かで、要所に花の咲く広場がありベンチなど施設も整う。中央の浅間山は石祠の横に一等三角点があり（→110ページ）、湘南の中央に位置するこの山が測量上の重要ポイントであることを示している。

上方に紅白のテレビ塔が見えてくればほどなく湘南平だ。樹林の中から、一挙に光溢れる広大な山上に導かれる。パノラマならレストハウス上の展望台がベスト。何より相模湾岸の中央という位置的メリットが利いている。三浦半島、東京横浜、丹沢、箱根のいずれとも距離が近似しているから、他の山頂では得難い、バランスが取れたパノラマビューが堪能できよう。

大磯駅へは、アップダウンの果てに駅裏そばまで山を下る道もあるが、中央から素直に下りて後半は町中を歩くのが楽しい。余裕があれば是非、先刻見下ろしていた海岸へ。大磯港の長大な防波堤からは、歩いてきた山地が一望できる。さらには正面に箱根連山を望み、小石の続く美しいこゆるぎの浜を大磯城山公園まで歩けば、ハイキングの充実度は倍増だ。

大磯港から見る湘南平の小山地全容

大磯城山公園と吉田茂邸

大磯城山公園は国道1号線をはさんで、旧三井別邸地区と旧吉田茂邸地区に分かれる。起伏に富む林相豊かな公園で散策に最適。中でも戦後間もない頃、長期政権で日本の復興に貢献した宰相:吉田茂の邸宅と庭園は一見の価値があり、山と海を歩いた締め括りに歴史を実感するのも乙なものだ。

※ 510円、9:00～16:30 月曜日と毎月1日は休館、☎ 0463-61-4777

一等三角点がある
浅間山

高麗山 ⌀168 0:25

0:45

高来神社

展望レストハウス・湘南平
⌀145

屋上にある縁結びのサークル

線路に沿う道を進み、斜めに潜る地下道で反対側に移る

⌀111

0:35

0:30

大磯駅　大磯迎賓館

JR東海道線

西小磯

0:15

自転車専用道路　西湘バイパス

こゆるぎの浜

0:50

大磯港

大磯西防波堤灯台
（強風時は入れない）

縦走のラストに湘南平というコンセプトからすると逆回りは勧められない。展望レストハウスに登れるのは9:30からなので、そこから逆算してスタート時間を決めると良い。

大磯城山公園

城山公園前バス停

西湘バイパスの「大磯西出口」の標識の少し手前の地下道を潜る

吉田茂邸

町屋公園

こゆるぎの浜

西湘バイパス

【往路】大磯駅（JR東海道線）
**【復路】城山公園前【神奈中バ
ス大磯駅行き、平塚駅北口行き10
分、5～7本/1時間】大磯駅
※徒歩でも30分ほど

吾妻山

幸福感漂う公園の山頂へ

吾妻山　●標高136 m
かながわ百名山

▲▲	ウオーキング級
🕐	1時間20分
📅	1年中

展望★★★　自然★　＋a★★

　西湘エリアに連なるいくつもの小山地の中でも、一番小さくまとまっている山である。一山そっくり、公園として整備され誰でも無理なく登れるが、登り着いた時の感動は、並みの山の比ではない。

　二宮町の中心部と密接につながり、まるで町並みを突き抜けて山がそびえているよう。なにせ町役場の前が登山口なのである。初めは階段が続くが、山上部は緩い坂道となる。そして山頂部に上がった瞬間、想像をはるかに上回る絶景が飛び込んでくる。箱根や丹沢は惜しげもなくその全容を見せつけ、背後には堂々とした富士山。相模湾の青海原も眼下にあり、小田原方面の町並みで縁どられている海岸線が決まっている。一方で、あれほど近しかったはずの二宮の町並みは殆ど見えない。

　山上エリアの道具立ても優れもの。緩やかな芝生の山上斜面、その背後を菜の花、桜、コスモスなどが季節を追って彩る。楠と榎の巨樹に至っては、遠方からでもそれと分かるほどで、山上で主役を張るほどの存在感を見せつけてくれる。

　足元から遠方までが一体となった恵まれた景観の中を、大勢の人が寛ぎ遊ぶ。そんな人物群も風景の構成要素として目を楽しませてくれる。なんと幸福感に満ちたピークだろう。伝説から現代まで連綿とした、人のつながりを感じるのである。

　下りは吾妻神社に寄り、急な階段を下る。これまで短時間で済んだし、せっかくだから山上から眼下にしていた海に出てみたい。東海道線を跨ぎ、国道1号線を渡り、西湘バイパスを潜って二宮海岸に出る。西湘エリア特有の石ころ中心の豪快な浜が広がっている。バイパス越しに頭を出している吾妻山もお見逃しなきよう。

吾妻山山頂から相模湾方面

📝 日本武尊と吾妻山

吾妻山の名称は、日本武尊の伝説にちなむ。日本武尊が東征の際、三浦半島の走水で入水した妃の弟 橘 媛の笄を山頂に埋め、「吾妻はや」と嘆いたことに由来。山頂の南直下には媛を祀った吾妻神社がある。

📝 山頂の三角点

山頂には測量の基準である三角点が設置されている。円形の展望広場のすぐそばなのだが、草地のただ中なので少々見つけにくい。山の愛好家にとっては登頂達成目標でもあるので、ゲーム感覚で探し出してみてはいかがだろう。

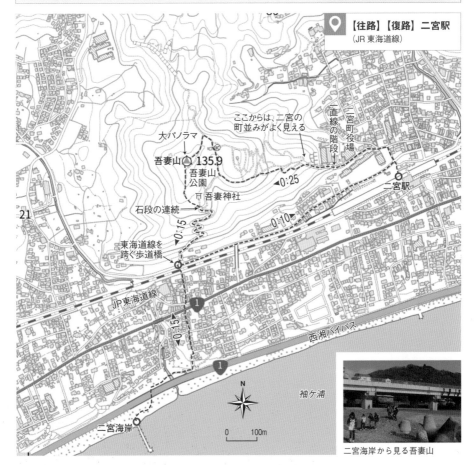

📍 【往路】【復路】二宮駅
（JR東海道線）

大パノラマ

ここからは、二宮の町並みがよく見える

一直線の階段

二宮町役場

吾妻山 ⛰ 135.9

吾妻山公園

0:25

二宮駅

吾妻神社

石段の連続

0:10

21

0:15

東海道線を跨ぐ歩道橋

JR東海道線

0:15

西湘バイパス

N

袖ケ浦

0 100m

二宮海岸

二宮海岸から見る吾妻山

57

曽我丘陵

偉大なプレート境界をたどる

曽我山　●標高 328 m
かながわ百名山

🏔	ウオーキング級＋町の地図読み
🕐	2 時間 30 分
📅	10 ～ 6 月、特に 1・2 月

展望 ★★　自然 ★　＋α ★★★

小田原市を中心とする足柄平野を関東平野から隔てる南北10kmの小山地が曽我丘陵である。北・中・南に3区分できるが、最も変化に富み、見所の多い南部の里＆山を、地質学的観察を交えつつ歩いてみよう。

スタートは下曽我駅。周囲には著名な曽我梅林が広がり、2月下旬ともなれば紅白の花々と馥郁（ふくいく）とした香りの中を夢うつつに逍遥することができる。東に進めば曽我丘陵が眼前に迫ってくる。崖とまではいかないが実に急峻だ。その山と平野の境界線上に国府津松田断層が走っている。

急登を喘ぎつつ振り返ると、ぐんぐんと背後の風景がせりあがってくる。本コース一番のポイントで、断層の壁を一気に登っていることが実感できる。つい先ほど、そぞろ歩いていた曽我梅林が地を這う白い煙のようだし、広大な足柄平野、箱根・富士など、断層の段差から見えるパノラマは実に壮大だ。

尾根まで上がると急に緩やかになり、断層エリアを抜けたことがわかる。山上には柑橘系の畑が広がる。12月から1月くらいなら、たわわに実ったオレンジ色が目に眩しい。ミカン畑用に整備された農道が網の目のように巡らされ、整備の記念碑も立っている。時折り出くわす無人スタンドには、旬のミカン類が驚くべき安さで並ぶ。

道標に従い南へ進むと、まさに丘陵一帯がそっくりミカン山であることが実感できる。山道は丘陵の末端まで続き、下り着いて東海道線を潜るが、その先に平野はほとんどなく、丘陵がそのまま海に没する印象だ。断層ラインは相模湾から遥か太平洋まで続くプレート境界へと連なる。地球のダイナミズムを目と身体で実感できるのが、曽我丘陵ハイクの真骨頂といえよう。

　見晴台から、足柄平野と富士箱根

📝 国府津・松田断層と曽我丘陵

山と平野の境界に沿った断層活動（地震）の積み重ねが丘陵を
押し上げ、将来さらに高さを増していく。山体は断層に沿って
ダイレクトに隆起したので西側は急峻だが、東側は西側に追随
するように持ち上がったので傾斜が緩くなっている。実はこの
断層、地球上を10枚程で分割する地殻プレートの境界にも当たる。フィリピン海プレートとユー
ラシアプレートがせめぎあっているホットスポットだ。海洋のプレートが陸上に露出しているの
は世界中でもこの一帯だけという。希少度ナンバーワンなのである。

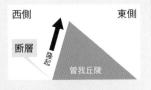

👣 丘陵の東を下る

曽我丘陵の西側の険しさを体感した後で、断層と反対
の東側の緩やかさを体感できるコースである。道標等
は一切ないので、地図を読みながら歩く。農道記念碑
のすぐ近くから舗装された細い農道が分岐している。

途中、これまで見えなかった東側の展望が開ける所があり、丹沢から相模湾にかけてのパノラ
マが素晴らしい。曽我丘陵の東側の緩やかさが、見た目と足で実感できるだろう。

多様性と複雑系　箱根火山

箱根火山の特徴（火山国ニッポンでも類を見ない複雑な火山模様）

①南海上から本州に衝突してきた伊豆地塊の先端に噴火したのが箱根。たまたま大きかった故に一丁前に扱われているが、実は伊豆ブロックに属する一火山に過ぎないともいえる。

②日本の火山では大型に属し、総体積200km³級。ちなみに富士山は400km³。

③カルデラ火山（中央部が鍋状に陥没した火山）としては、中央火口丘の噴出割合（10km³）が異常なほど多い。

④北西─南東のラインで噴火が多い（プレート圧縮の場→富士山や大島もその傾向）。

⑤噴出物（玄武岩・安山岩・流紋岩）も活動スタイル（カルデラ、単成火山、成層火山、溶岩ドーム）もバラエティーに富む。

箱根火山の噴火史

かつては、富士山スタイルの標高2700mクラスの巨大火山の中央部が陥没するなどして今の姿になったとされていたが、現在の外輪山に当たる金時山クラスの複数の成層火山が噴出したというのが最新の学説である。以後、大規模な火砕流を伴う陥没と、新たな火山の噴出を繰り返しながら今日に至っている。

40〜23万年前：伊豆基盤岩の上に成層火山群ができる。幕山などの側火山も順次噴出

23〜13万年前：火砕流が噴出し、中央部が陥没。単生火山である真鶴半島ができる

13〜8万年前：前期中央火口丘群ができる

8〜6万年前：さらに大規模な火砕流が噴出し、現在のカルデラが形成される。火山灰はローム層となって関東を広く覆う

6万年前〜現在：後期中央火口丘群ができる。神山噴出が川をせき止め芦ノ湖が誕生

上空から眺めた箱根火山の全貌。大きな「井ぶり外輪山」の中に、多様な山、湖などがぎっしり詰まった情景が、箱根火山の複雑な噴火史を物語っている。

▲釜時山

大文字●

▲神山

▲駒ヶ岳

浅間山▲

▲三国山

二子山▲

芦ノ湖

▲山伏峠

箱根足柄エリア

火山群の殿堂と、由緒正しきプチ山地へ

巨大な伊豆半島山塊の北端に噴出した火山群が箱根火山である。多数の火山が長い年月をかけて噴火や陥没を繰り返し、全国的にも極め付きの複雑な火山地帯となって優れた景観を生み出している。山歩きの対象としても多彩で、交通網の発達と相まって、多くの山を短時間でこなすことができるのも、箱根登山が親しまれている要因だろう。

箱根のすぐ北に足柄山地が位置する。ここは海底に堆積した地層が押し挟まれて山地にまで成長したものだ。小粒でも成因はヒマラヤ山脈と同一、筋目の良さなら天下一品。本書では箱根エリアの一部として紹介。意外性のある山歩きが楽しめよう。

松田山

桃源郷：最明寺史跡公園へ

松田山

▲	軽ハイク級＋町の地図読み
🕐	2時間45分〜3時間30分
📅	10〜6月　ヒル用心

展望★★　自然★　＋α★★

松田山は特定のピークではなく、松田市街地の背後の山地全体の総称といえる。ここの白眉はズバリ最明寺史跡公園だ。桜の開花期はまさに桃源郷、ここだけを目的にしても、十分な満足が得られることだろう。

駅を出たら、まずは西平畑公園（松田ハーブ館）を目指す。2月中旬頃なら河津桜と菜の花が斜面を覆い尽くす。公園を過ぎ、大人でも乗りたくなるようなミニ鉄道を横目に、植林帯に入る。途中ではコキアの里が目を引く。コキアは秋が見頃だが、桜の季節なら今を時めくネモフィラが一面をブルーに染める。バックの富士山とのコラボがここの売りだ。

見事な桜や、菜の花と出会いつつ、再び林道に乗る。緩い上りが延々と続くが、キブシの花などに癒される。やがて向かいの斜面に桜が見えてくると、最明寺史跡公園に着く。ここは花の質と量で、他を凌駕する。質の点では、ソメイヨシノ（下界より10日ほど遅い）は元より、オオシマザクラ、枝垂れ桜。

桜以外では花桃、ヤマブキなど多種多彩。それぞれ花期がずれるから、行ってみて大外れすることがない。量の点では池周辺の花のボリュームに圧倒される。さらにここまで来たら、是非とも池の背後の山地形も散策してみたい。何本もの山道が伸び錯綜し、気の向くまま花に誘われるがままに歩いてみるといいだろう。高所からは花の背後に箱根連山が横たわる。最高所付近には見事な大桜があり、太枝のカーブの中に富士山が決まっている（→88ページ）。

心が花で満腹したら、一気の下降路を下る。こちらを登りにとったら辟易するはずだ。最後は酒匂川の堰堤上の路になる。広やかな河川敷と背後の箱根や足柄山地の眺めが、身も心も開放的にしてくれるだろう。

最明寺史跡公園の桃源郷風景

山間部は様々な
道を錯綜、好きな
コースを選ぶ
・542

池を一周できる

最高部に大桜がある、
富士山とのコラボが
素晴らしい

0:15〜0:45

松田山

◎ 最明寺史跡公園

ずっと舗装路
ただしかなり急

舗装された林道

・348

0:35

0:45

・296

大展望が開ける

右への分岐を
見逃さないように。
「最明寺史跡公園」の
道標あり

東屋と道標、
再び林道に入る

0:25

・163

コキアの里

河津桜と
菜の花

ミニ鉄道
・189

◎ 西平畑公園

0:25

自転車専用道路

0:35

「松田山ハーブ館」の
道標

堰堤上の歩道

酒匂川

橋を渡る

松田駅

酒屋

新松田駅

0　　300m

N

・58

コキアの里のネモフィラ

📝 松田山

松田山は人文的エリア
では丹沢山地の南端に
当たるが、地質学的に
は足柄山地と同じ成因
である。丹沢山地に伊
豆半島が衝突した歳に
双方の中間にあった海
底の地層が押し上げら
れて山地をなしたもの。

📍【往路】【復路】
新松田駅
（小田急電鉄）または
松田駅（JR 御殿場線）

😊 松田町健康福祉センター「健楽の湯」

松田駅界隈に戻ってから、さらに徒歩15分ほどを要するが、浴室から
富士箱根がよく見え、休憩室も広い。往復途中の川沿いの散歩は富士箱
根をはじめ松田山もよく見え、気持ちよく歩ける。

月・火曜と年末年始は休業、
11:00〜16:20（入場は15:30まで）、
大人400円　☎0465-84-1196

JR御殿場線

松田駅

新松田駅

交久橋

酒匂川

健楽の湯

0　　300m

河村城址と山北界隈

山北と周辺のいいとこ巡り

山北駅のすぐ横に、ひょっこりひょうたん島のようなふたこぶの山が並んでいる。西側が浅間山で山城の跡があり、眺めが良く史跡の遺構も一見の価値が。周辺のポイントをうまく組み合わせ変化に富む山＆里歩きを楽しもう。

浅間山　●標高 248 m

🏔	ウオーキング級＋町の地図読み
🕐	2 時間 40 分
📅	10 〜 6 月、特に 4 月上旬

展望★★　自然★　＋α★★★

桜の時期、普段は静かな山北駅周辺は花見客で溢れる。賑わいを尻目に静かな山へ。まずは東側の丸山へ向かう。小学校の手前に山に向かう歩道があり、丸山公園に着く。高低差のある急斜面があり、上部から山北の谷合いに見える富士山と金時山の眺めがいい。水道の管理施設がメルヘンチックでいい前景になっている。

丸山そのものの山頂は私企業の私有地で入れないので、あえて車道を登るまでもない。西側の浅間山へは一旦下り、畑の中の道をジグザグに登っていく。畑地帯なので眺めが良く、特に足柄平野から相模湾方面が GOOD。せっかくだから山頂の神社に立ち寄っておき、しかる後にお目当ての河村城址歴史公園へ。

郭跡は広大な台地状で、足柄平野と足柄山地の眺めがいい。堀などの城址も美しく再現されていて、散策気分がなんとも気持ち良い。さらに進むと本城郭の広場に至るが、取り囲む桜が素晴らしく、駅周辺の雑踏とは無縁の静かな花見が楽しめる。

最後は日本の滝百選にも選ばれている洒水の滝に向かおう。城址南側の「木漏日の道」を下る。この先、農家庭先の露天販売や滝周辺の農産物直売所などを冷やかす楽しみもある。洒水の滝は長らく滝に接近できなかったが、つい先年、観瀑台が完成した。ここのうんざりするような階段は、本日一番の登りであることは間違いない。

再び山北駅周辺に戻る。入浴や食事など、下山後のお楽しみが多いのは嬉しい。

河村城址の一角から、足柄平野と曽我丘陵が一望できる。

📝 河村城址

典型的な山城で、平安時代末期に河村氏によって築かれ、南北朝時代に合戦の記録が残る。その後、北条氏の出城となり、現在の遺構はその当時の姿のもの。北条氏の滅亡とともに廃城となった。廓や堀切などが再現され、中でも掘の中を田形に区切った障子掘は北条氏のオリジナル仕様という。問い合わせ　山北町観光協会 ☎0465-75-2717

📝 山北駅の桜並木

山北駅から西側に向かって、線路の両脇に130本の桜並木が続く。満開の桜の中を行き来する御殿場線電車が人気の元になっている。

😊 山北町健康福祉センター「さくらの湯」

天然温泉ではないが浴室はゆったり、露天風呂もあってリーズナブルに楽しめる。バスなら山北駅で下車すればよく、西丹沢全般の山行での利用価値大。帰りはバスの他、ＪＲ御殿場線も利用できるので便利。
11:00〜21:00、木曜定休、500円 ☎0465-75-0819

😊 さくらカフェ

山北駅界隈はちょっと気になる飲食店が多くそれぞれに楽しめるが、男女・上戸下戸を問わないのが、駅の西側線路沿いにあるさくらカフェだ。☎0465-25-0016

📍 【往路】【復路】山北駅

（JR 御殿場線）
※往路は山北まで切符で乗車した方が良い。復路で改札が無人の時は、ＴＯＩＫＡ以外はそのまま入場して、下車駅で「山北から乗車」と申告して精算。

矢倉岳

眺めてくっきり、登ってドッキリ

矢倉岳　●標高 870 m
かながわ百名山

🏔 軽ハイク級
🕐 2時間40分〜3時間10分
📅 3〜6月　9月〜12月
展望★★★　自然★★　＋α★★

矢倉は櫓、軍事の物見や武器庫の意であり、突き出た山姿をうまく表している。古くは万葉集にも詠われたように、印象深さは古来不変といえよう。登ってみれば、山頂からの富士箱根の大パノラマが待っている。

名前は知らなくとも、そのシルエットに見覚えのある方は多いに違いない。神奈川県の西の果てに連なる一連の山々の中に、すっきりしたドーム状の山が見て取れる。「ほら、富士山の手前のおむすび型の山！」この一言で見当が付く方も多かろう。

スタート地点の矢倉沢から、ドーンとそそり立つ姿が凛々しい。山姿を反映して登り道はきつい。その代わり、これまた姿通りに山頂部は急にまろやかになる。樹木が少なく草原状で遮るものがなく、大パノラマが欲しいまま。いきなり山頂ですべての展望が開けるから、ドッキリ度と感動がマックス。富士山が素晴らしいのはもちろん、正面に箱根が大きい。最高峰の神山が中央、右に金時山、左に明神ヶ岳と重量級の山々を配した様は、太刀持ち・露払いを従えた横綱土俵入りの風格を感じる。

ゆっくり休憩したら、足柄万葉公園へと尾根上をたどって歩く。万葉公園を名乗るだけあって、当地に因む様々な万葉集の句碑が点在する。中でも矢倉岳を詠んだ「わをかけ山」の碑に注目を。一帯は車道が通る観光エリアで見所は多い。立派な金太郎像のある聖天堂、そして足柄城址。典型的な山城で濠や曲輪の名残が見て取れるが、城郭上から見る富士山がまた素晴らしい。

登ってよく、眺めても目立つ山。その理由は絶妙の立ち位置にある。神奈川県西端の平野の背後、箱根と丹沢の中間、隣接の山地とは独立した位置。大地の神の粋な計らいというべきか。

休憩に絶好の矢倉岳山頂

矢倉岳を詠んだ歌

「足柄の和平可鶏山の、穀の木の、我をかづさねも、門割かずとも」和平可鶏山は矢倉岳のこと。山名と「我を懸け」を掛け言葉にして、さっさと私を誘ってくださいという想いを詠んだ恋の歌。

延長コース

足柄万葉公園までのバスの運行期間外は、尾根上の車道（車の通行は少ない）を金時山方面に向かい、通行止めゲートの手前から夕日の滝へと下ると良い。半日基準をオーバーするが変化に富み、気持ちよく歩けるルートである。

夕日の滝、高さ23m

矢倉岳のなりたち

足柄山地の一角に位置し標高では筆頭なのだが、山の成因では異端児である。足柄山地は海底の地層が伊豆半島に押されて隆起し山脈をなしたものだが、矢倉岳はその後に地下深くのマグマ質が隆起した石英閃緑岩（花崗岩質の岩石）の山なのである。

聖天堂の金太郎

【往路】大雄山駅（伊豆箱根鉄道大雄山線）【徒歩1分】関本【箱根登山バス地蔵堂行き15分、8時9時台に計3本】矢倉沢
【復路】足柄万葉公園【箱根登山バス関本行き30分】関本ー大雄山駅
※関本バス停は大雄山駅の隣にある
※足柄万葉公園までのバスは4・5月と10・11月の土休日の午前2便と午後2便のみの運行
※箱根登山バス小田原営業所 ☎0465-35-1271

金時山

大展望、箱根随一の名峰へ

金時山 ●標高 1212 m
かながわ百名山

▲▲ 軽ハイク級
🕐 2 時間 30 分〜3 時間
📅 3〜6 月　9〜12 月
展望★★★　自然★★　+α★★

箱根ハイキングでは一番の人気を誇る。山頂からは富士山を始めとする大パノラマが待っているが、山頂の目前で急になってハイカーに立ちはだかる。猪鼻ヶ岳なる別称もその姿から納得がいく。

山名の由来は御存じ金太郎だ。山頂には大きなマサカリのレプリカがあって記念撮影に欠かせない小道具になっている。その金太郎が長じて、源頼光の四天王と称される坂田金時となった。ニッポンでは人名由来の山は珍しく、その人物山名の中では最も知られた山だろう。

混み合う各コースの中で、比較的静かな乙女峠側からスタート。峠は狭いが富士山の絶好の展望スポットで、記念撮影用のひな壇と撮影台の本格度は日本の山でも有数ではないか。長尾山付近までは、ゆったりした起伏のプロムナードコースだが、その先はアップダウンが激しくなり、急峻な箇所もあって十分な注意を要する。右手に、小屋付きで特徴ある金時山が見えてくると、やはり嬉しい。

山頂はシーズンの休日ともなれば、休憩場所にも事欠くほどの大賑わい。静かな山を好む人には向かないだろう。富士山と箱根カルデラ全貌の展望に優れるが、丹沢方面は殆ど見えない。テーブルセットは、2軒の茶屋で何か注文すれば利用できる。

箱根側の下り道はメーンルートであるので、往路と違い行き交う人の数がすごい。仙石原へは2本の下り道があるが、ここでは金時さんに所縁の多いルートを選択。ラストの公時神社の立派さにはびっくりだ。鳥居の中に納まる金時山が決まっている。

下山後に余裕があれば、ハイキング派に見逃せないのが箱根湿性花園だ。剣呑な登山の後は可憐な植物に癒されたい。

📝 箱根湿性花園

200m四方程度のコンパクトサイズに、様々な植物区が組み込まれ、複雑な水の流れと錯綜した歩道があいまって、ずっと広大な面積を散策しているかのような感覚に浸れる。月ごとに目玉の花の種類が入れ替わるので何度来ても新鮮だ。中でも金時登山後の注目は仙石原湿原植生復元区で、尾瀬のような景観の背後に、金時山と歩いてきた稜線が連なる様が、懐かしくも嬉しい。

※3月20日〜11月30日の9:00〜17:00開園。大人700円。☎ 0460-84-7293　帰りは湿性花園前【バス強羅駅または天悠行き30分】強羅駅（箱根登山鉄道）

📍 【往路】**バスタ新宿**【小田急ハイウェイバス箱根桃源台行き2時間5分　毎時1本】乙女峠、または**御殿場駅乙女口**（JR御殿場線）【箱根桃源台または天悠行き20分　毎時1本】乙女峠
【復路】**金時神社入口**【小田急ハイウェイバスバスタ新宿行き2時間25分　毎時1本】バスタ新宿、または同バス25分で御殿場駅下車
【復路】**仙石**【箱根登山バス箱根湯本駅または小田原駅行き30〜60分　毎時4〜6本】終点　※秋の行楽シーズンなどは大渋滞するので、宮ノ下駅などで下車して登山電車に乗り換えた方が良い。

📝 金時山の名誉回復

かつては箱根の寄生火山とされていた。マグマの噴出する火道が、箱根火山の中枢部から枝分かれして金時山が出来上がったとの学説である。それにしても「寄生」という呼称はあんまりだ。英雄然とした名前とはあまりに真逆ではないか。だが、近年の研究で金時山の火道は本山からは独立しており、箱根中枢とは別個の存在とみなされるようになった。そこで不名誉極まる寄生火山の称号ともオサラバできたのである。

明星ヶ岳

大文字を足下に屏風絵を見る

明星ヶ岳　●標高 924 m
かながわ百名山

| ▲ 軽ハイク級 |
| 🕐 2 時間 35 分 |
| 📅 3〜7月　9〜12月 |
| 展望★★　自然★　+α★★ |

　箱根の盂蘭盆（うらぼん）の風物詩：大文字焼きが夜空に浮かび上がることから、大文字山とも呼ばれる。目標はズバリその大文字を足下にすること。続けて外輪山を縦走する人が多いが、半日ハイク故にあえて往復コースとしてみた。

　早　川の谷の底からスタート。登山口から急登が続くが、植林帯のジグザグ道なので、無理なく高度を稼いでいく。いい加減飽きてきた頃、不意に前方が開けて大文字に到達する。登山道は端をかすめるのみだが、急斜面の文字上に踏み込んでみよう。正面に見える強羅の町並みが箱庭のよう。見下ろすのではなく向かい合う斜面に展開しているので、まるで屏風絵に見える。適度にガスがかかっていれば、桃山時代の狩野派の傑作に思えてくるのでは？画中では、中央を一直線に伸びあがっていくケーブルカーのラインが特に印象的だ。なによりここでは足下の大の字を感じ取ってみたい。二重線ならではの幅広の刈り込みが、三画から成る大の字の何処を構成し

ているのか。アザミなどが咲いていて少々ヤブっぽいが、是非探勝を。

　稜線に上がると幅広く樹木が伐採され防火帯になっていて、刈り取ったシノダケ（笹の一種）が一面に敷き詰められている。これを焼いて、大の字の火の元にするのだろう。山頂には御嶽大神の祠があるが、ヤブに覆われ展望はない。

　往路を戻る。もう一度、大文字に寄れるのは楽しみだ。谷底まで下りたら、強羅まで登り返す。目的はある。強羅エリアに至って振り返れば明星ヶ岳がよく見えるから。是非にも大文字を確認しておきたい。つい先刻まで、あの文字上にいたかと思うと、山全体がいとおしく思えてくるだろう。

大文字から見る強羅エリア

📝 明星ヶ岳と大文字

「明星」の名は、山上に輝く宵の明星（金星）をイメージしてのものである。京都などの大文字のラインが1本なのに対し、ここでは二重線つまり太字なのが最大の特徴だ。

😊 翠光館と強羅公園

強羅は箱根の中でも温泉のメッカ、種々ある中でお勧めできるのが翠光館である。源泉かけ流し、展望の良い浴室、そして強羅公園とセット料金で、館内から直接公園に入れるのが小気味いい。手入れの行き届いた公園は湯上がりの散策に絶好だが、うれしいのは正面背後に明星ヶ岳が堂々と見えること。大文字と共に格好の背景をなしている。

※翠光館：通年営業　11:00～18:00（入館は17:00まで）、大人1100円　☎ 0460-82-3351

大の字の横棒に沿って歩く

📍 **【往路】小田原駅**（JR東海道線、小田急電鉄）
【箱根登山バス桃源台、ポーラ美術館行き40分
毎時、朝は4本、日中は1～2本　他に箱根湯本駅発も同数あり】宮城野橋
【復路】強羅駅（箱根登山鉄道）

71

芦ノ湖西岸山地

好展望とブナ巨樹を求めて

三国山　●標高 1102 m
かながわ百名山

🏔 軽ハイク級

🕐 2時間50分〜4時間50分

📅 3〜12月

展望★★　自然★★★　＋a★

芦ノ湖の西岸に、箱根外輪山がゆったりと連なっている。その中の最高峰、三角形でひときわ目立つ山が三国山だ。長大なコースだが、中間地点に車が通るので、ここで分割すれば半日ハイクにもなるのがポイント。

箱根駅伝往路のゴール地点が、本コースのスタート地点となる。ほどなく旧街道の石畳道となるが滑りやすいので要注意。一旦、道の駅に出るので用足しや腹ごしらえに便利だ。車道を渡り深い植林帯の山道を登っていくと、ようやく外輪山山地の尾根上に上がる。

ブナの巨樹

笹原に一筋の太い道が切り開かれ、振り返れば鞍掛山など箱根南部の山々の眺めが良いが、正面に現われてくる富士山が絶品だ。芦ノ湖スカイラインが寄ってくると、中間地点の山伏峠エリア、ここで前半戦は終了。レストハウスがあり休憩や飲食に好適。ここでは是非とも、山伏峠に登っておきたい。「○○山」と表記されていないのでスルーしてしまうハイカーもいるようだが、山伏峠とはれっきとした山。ひと登りで着く山頂からは芦ノ湖と箱根中央火口丘、反対側に富士山の眺めが素晴らしい。本コース随一の展望スポットなのである。

後半戦は、ブナやヒメシャラの樹林に囲まれ自然と近しい山旅となる。本日の最高峰:三国山は残念ながら展望はないが、広くてゆったり寛げる。車道から遠いので静かなのもいい。その先を少し下ると、ここのハイライト:ブナ巨樹との邂逅が待っている。

湖尻峠で、再び寄り添ってきた車道と別れ、外輪山を下る。植林帯の滑りやすい道だ。芦ノ湖畔まで下り、深良水門を見たら、湖に沿って歩いていく。湖越しに見る神山と駒ヶ岳が決まっている。船着き場に着いたら、今度は反対側、是非にも外輪山を見ておきたい。本日歩いていた稜線が一望で感慨深い。

😊 箱根レイクホテル

このコースは暑い季節でもなんとか行かれるのも魅力だが、汗だくに温泉が欠かせない。日帰り入浴なら、桃源台バス停まで徒歩3分と近いここがおすすめ。内湯と露天風呂があり、極めてきれいでゆっくり入浴できる。

大人料金 1200円、11:00～16:00（最終受付 15:30）
☎ 0460-84-7611

📝 ブナとヒメシャラ

鮮やかな茶系統の樹皮で見分けがつけやすいのがヒメシャラで、他では見られない様な巨樹に驚く。そして主役が箱根では珍しいブナだ。これまた極太の樹が多く目を楽しませてくれよう。その中で山頂北側近くの急斜面に注目すべき1本がある（前頁写真）。樹幹の太さもずば抜けているが、それよりも自在に延び上がる枝の展開ぶりが炎のようでパワーを感じる。登山道のすぐ脇で見つけやすく、樹下が広場状になっていてじっくり触れ合えるのもいい。この1本に巡り会うだけでも三国山登山の価値は十分感じられるだろう。

📝 タクシー利用について

箱根町港から電話で呼んで山伏峠レストハウスまで行かれる。有料道路代も必要。逆に、山伏峠からはタクシーを呼べない（受けてくれない）ので要注意。箱根タクシー☎ 0460-83-6465

📍【往路】**小田原駅**（JR東海道線、小田急電鉄）【箱根登山バス箱根町港行き 65分 毎時3～5本】箱根町港
【復路】**桃源台**【箱根登山バス小田原駅または箱根湯本駅行き 40～70分、毎時4～6本】小田原駅、箱根湯本駅

箱根レイクホテル
桃源台バス停
水門を渡る 0:35
深良水門へはわずかに往復
0:20
深良水門
湖尻峠
極めて滑りやすい石畳の坂道
0:40
ブナの巨樹
三国山 1102
小広いピーク ベンチあり、展望なし
崩壊による大きな巻き道あり 高度差が大きく傾斜もきつい
1:15
タクシーでここまで入れる
展望レストハウス
山伏峠の山頂はレストハウスの裏手からピストンする
芦ノ湖
0:50
箱根やすらぎの森
0:20
箱根町港バス停
道の駅箱根
石畳道 滑りやすい
0:55
海の平

山伏峠のユニークな立体展望盤

駒ヶ岳と芦ノ湖東岸

箱根のシンボルと湖畔を歩く

駒ヶ岳●標高 1356 m
かながわ百名山

▲▲	ウオーキング級
🕐	2 時間
📅	1 年中

展望★★★　自然★　＋a★★★

駒ヶ岳は箱根中央火口丘の中核を構成し、たおやかな丸い姿は、はるか遠方からでも分かりやすい。山頂には箱根神社の奥宮である箱根元宮が立つ。ロープウェー往復だけでは物足りないので、芦ノ湖東岸歩きをセットしよう。

観 光箱根の中核部：賑わいの元箱根、正面にそびえる堂々とした駒ヶ岳に登高意欲をそそられる。芦ノ湖東岸歩きは、大半は車道利用となるが変化に富む。お馴染みの湖上の大鳥居は近年パワースポットとして人気があり、撮影の順番待ちで長蛇の列。しばらくは石畳の洒落た遊歩道が続く。歩道が終わったら箱根園まで車に注意しつつ車道を歩く。途中、ツツジで有名な「山のホテル」の桟橋に降り立って、芦ノ湖の景観を存分に味わおう。

箱根園からロープウェーで一気に駒ヶ岳山頂へ。現在、山頂まで歩いて登る道がない。唯一の登山道であった神山方面からのルートが、大涌谷の火山活動で閉鎖されて数年が経つ。歩くことがかなわず機動力でしか登れな

い山は、全国的にもまれな存在だ。

山上部には樹木がなく、広い山頂のどこからでも展望が良い。眼下の芦ノ湖の青い湖水にドキリとさせられるし、富士・丹沢・伊豆の山々、駿河湾に相模湾、縦一線に並ぶ小田原から横浜・東京方面と枚挙にいとまがない。そうしたパノラマが、山頂を一周する散策路を巡る間に、次々と入れ替わるダイナミックさに圧倒される。そして見逃せないのが、北側間近にどっしりとわだかまる神山だ。登山解禁になれば是非にも、と心に誓う。

箱根園に戻る。湖尻まで車道歩きとなるが、こちら側は一般車の通行はないので、遊歩道の感覚で歩ける。時間が許せば九頭竜神社に入場するといい（入場料600円）。

駒ヶ岳の今昔

かつてはロープウェーのほかにケーブルカー、円形レストランやスケートリンクまであり、観光箱根の喧騒がそのまま山上を席巻しているような印象があった。しかしリンクは昭和の終わりごろに廃止、ケーブルカーなども撤去され、今ある人工物は元宮の社殿とロープウェー駅のみだ。

　人口減社会となり、いずれは観光も縮小していくのだろうが、そんな将来像を先取りしているのが、ここの山上風景ともいえる。どことなく漂う寂寥感。風に吹かれつつ歩けば、自然回帰も世の節理と、哲学的気分に浸れるだろう。

駒ヶ岳は樹木がないので、ガスがかかると白一色の世界に一変してしまう。展望も全くなくなる。箱根園から眺めてロープウェー上部が雲の中なら、タダではないし無理して登らなくても。展望は空気の澄む秋から冬がお勧めだが、風は強い。季節によっては、朝夕や天体観測向けの特別運航もあるので、活用したい。

★箱根 駒ヶ岳ロープウェー 9:00 〜 16:30（上り）毎時 20 分毎の運行　往復 1800 円　☎ 0460-83-1151

📍 【往路】小田原駅（JR 東海道線、小田急電鉄）（箱根登山バス元箱根行き、または伊豆箱根バス箱根関所跡行き 60 分　6 本 / 時間）元箱根
【復路】桃源台【箱根登山バス小田原駅または箱根湯本駅行き 40 〜 70 分、毎時 4 〜 6 本】小田原駅、箱根湯本駅　※湖尻からのバスは本数が少ない

芦ノ湖畔から見上げる駒ヶ岳

二子山山麓

元箱根石仏群からお玉ヶ池

二子山　●標高 1091 m
かながわ百名山

▲▲	軽ハイク級
🕐	1 時間 25 分〜1 時間 40 分
📅	9〜6 月

展望　自然★★　＋α★★★

箱根の二子山はふたこぶの揃った姿が横浜や湘南方面からでも良く認識できる。残念ながらどちらも登山禁止になっている。幸い両山の山麓は石仏群や神秘的な池があり、両者を巡るウオーキングが楽しめる。

箱 根駅伝の舞台でもある国道1号線に添ってスタートする。最初の主役は周辺に散在する石仏群である。すべてが鎌倉期の作、スケールが大きい上に摩耗が進まず、像形や刻字が鮮明なのが印象的で、これほどの物は却って鎌倉周辺では見当たらない。ここの石材は背後にそびえる二子山の安山岩、緻密で摩耗に強い。また、戦乱・火災・津波に度々襲われた鎌倉界隈よりも、環境が穏やかであった証ではないか。メーンは六道地蔵、車道を潜った先にあるのでお見逃しなく。

国道のすぐ脇には精進池が佇む。池畔にある石仏・石塔群保存整備記念館で、向学がてらしばし休息。ここで車道から離れ、姿の良いスギの森の下に、苔むした石の階段が続く。ムードの良い道である。

もう一つの主役がお玉ヶ池だ。終始車の行き交う旧東海道の直下に、水を湛えた姿を惜しみなく晒している。池の周囲は人工物がなく、幽すいなムードすら漂う。静謐な池面に映る逆さの二子山が絵的に決まっている。湿原の木道で池を離れ、公園チックな疎林に入る。

最後は旧街道に出る。ここが思案のしどころで、右に曲がって華やかで喧噪の元箱根で観光三昧に浸るか、左に曲がって静かな道を甘酒茶屋まで歩いて、まったり情緒を楽しむか。何れにせよ石畳道を歩くのだが、一見お洒落ながら雨の後など極めて滑り易く、危険度なら間違いなく本日のナンバーワンだ。

📝 箱根二子山

実は単純な二子の山ではない。もっと接近すると、さらには地図上で見ると、夫々の山頂部にいくつものこぶがある。下二子山では3こぶ、上二子山は4こぶ、更にその上にも小こぶ。まるで二子に子や孫がいる風情なのである。箱根の主な火山の中では一番新しく形成され（約5000年前）、浸食が進まず原型をよく留めている。ただしどちらも登山はできない。下二子山は、ハコネコメツツジなど貴重種もあり自然保護のため登山が禁止されている。一方の上二子山は車道が山頂まで伸びているが、山頂にあるＮＴＴなどの電波塔やテレビ中継塔、管理施設のためのもの。施設管理のために、登山口のゲートから立入禁止となっている。

📍 **【往路】小田原駅**（JR、小田急電鉄）（箱根登山バス箱根町港行き、または伊豆箱根バス箱根関所跡行き 50分 6本／時間）芦の湯
【復路】元箱根港【箱根登山バスまたは伊豆箱根バス小田原駅行き 60分 6本／1時間】小田原駅
【復路】甘酒茶屋【箱根登山バス箱根湯本駅行き 35分 1～2本／1時間、10:00～17:00 台のみ運行】箱根湯本駅（箱根登山鉄道）

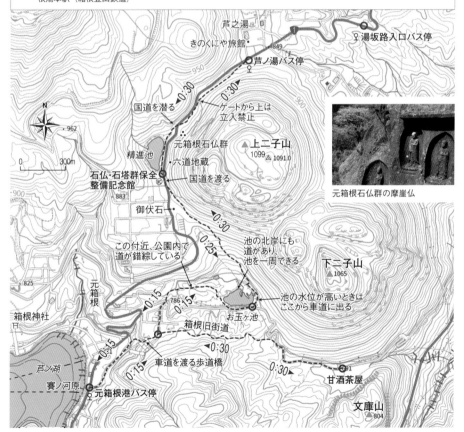

元箱根石仏群の摩崖仏

湯坂道

歴史ある古道を行く

浅間山　●標高 804 m
かながわ百名山

🏔 軽ハイク級
🕐 2 時間 10 分
📅 9 ～ 6 月

展望★　自然★★★　＋a★★

旧東海道以前の箱根越えの古道が湯坂道である。新緑や紅葉の美しいルートだが、道そのものが幅広くゆったりしていて風格が漂っている。城跡、滝、温泉、箱根らしさが横溢した楽しい山歩きが身上だ。

温　泉街らしい、喧騒の湯本駅からスタート。初めの内は暗いスギ林の中の急登だが、ほどなく勾配は緩和され、明るい広葉樹系の植生となる。古道の血を引く故か、道幅が広く開放的なムードに。特筆すべきはモミジの樹の見事さだ。町の公園なら 1 本だけでも自慢になりそうな巨樹が延々と、思う存分枝を広げている様に圧倒される。紅葉の頃ならより絶品だが、明るい林床ゆえに草本類が多く、新緑から初夏の頃でも路傍の花を楽しめるのが嬉しい。

尾根がさらに広やかになると浅間山に着く。山頂一帯は草原状で、箱根中枢の山の展望もあり休憩には持ってこい。ベンチもあるが、どこでも寝転んでしまえるのがいい。ここで小涌谷駅への道が分かれるが、そのまま湯坂道をたどっていく。

一旦、山を下りコルに出る。遠く金時山が見えるスポットもある。少し登り返せば最高地点（834 m）の鷹巣山に着く。やはり立派なテーブル＆ベンチがあり、突き出し感があるので浅間山より山頂らしいムードは強い。

一方、浅間山から小涌谷駅へ向かうと、すぐに急な下りとなり、千条の滝に着く。渓流を渡り、正面に開ける簾を掛けたような滝は涼味満点。小涌谷駅まではわずかだが、彫刻の森美術館まで足を延ばすのもいい。野外彫刻の背景に浅間山と鷹巣山がバッチリ見えるし、その他、神山、金時山、明神・明星ヶ岳など、箱根の山々の格好の展望台として、知られざるスポットといえるだろう。

ゆったりした、新緑の湯坂道を登る

📝 湯坂道

平安初期の802年、富士山の噴火に伴う噴石により足柄峠越えの東海道が通行不能になり、代わりに箱根越えの新道として整備された。メーンルートとなったのは鎌倉時代からで、江戸幕府によって畑宿経由の旧東海道が開かれるまで栄えた。

👟 延長コース

終点の湯坂道入口から15分ほど歩くと芦ノ湯に着く。温泉に入るもよし、さらに29コースにつなぐのもいい。下り指向の人には逆コースがおすすめ。湯本の豊富な日帰り温泉で締められる。

📝 鷹巣城

後北条氏により築かれた山城。当時の交通の要衝であった湯坂道にあったのは当然といえよう。所在は名前がズバリの鷹巣山としたいところだが、実はお隣の浅間山にあったとする説が優勢なようだ。確かに、鷹巣山の狭い山頂付近よりも、多くの兵が籠もれる浅間山の方が築城適地といえそうだ。そんな視点で、両山の山頂を見比べてみては如何だろう。

広やかな浅間山の山頂部

📍

【往路】 箱根湯本駅（箱根登山鉄道）
【復路】 湯坂路入口【箱根登山バス、伊豆箱根バス小田原駅行き45分　5・6本/1時間】小田原駅　※秋など行楽シーズンは大渋滞するので、小涌谷駅で登山電車に乗り換えるのが得策

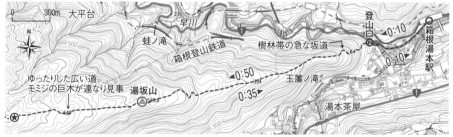

一夜城の山

小田原城から石垣山へ

石垣山　●標高 262 m
かながわ百名山

▲	ウオーキング級＋町の地図読み
🕐	2時間35分
📅	10〜6月

展望★★　自然★　＋α★★★

　　豊臣秀吉の小田原攻めで、戦局の重要なターニングポイントとなったのが石垣山一夜城だ。小田原城と一夜城を、北条方・秀吉方の双方の視点から、ハイキングを通じて理解しようというのが、本コースの目論見である。

ま　ずは小田原城へ。ここの天守閣からの眺めはピカーで、相模湾から湘南、背後には丹沢の大連嶺、箱根連山は目と鼻の先。その箱根の前衛、石垣山の笠を伏せたような姿（元々は笠懸山と呼ばれていた）の想像以上の近さに驚く。なるほど、こんな間近に一夜で城ができれば、戦意は萎え、降伏に傾くものと納得できるだろう。

　石垣山へは車道が通じていて大半の観光客その他は車で上るのだが、城と山を実感するのなら歩くに限る。柑橘系の畑の中を登る内に開ける、背後の相模湾と小田原の町の大パノラマに感動できるのは歩いてこそだ。また沿道には「石垣山に参陣した武将たち」の看板が順次立っていて、いやがうえにも歴史気分が盛り上がってくる。

　そして石垣山。樹林の背後に本格的な城を構築。完成後に前面の樹木を一斉に切り払って、あたかも一夜にして立派な城が出来上がったように見せた。本丸・二の丸など立体的な構成、未だに見事に組まれた豪壮な石垣に、当時の土木技術が感じられる。最高地点は本丸跡の背後の小高い丘。その前面の見晴らし台から、小田原城天守閣を見つけ出そう。これで北条方・秀吉方双方の気分を味わえたことになるわけだ。

　下山は山の反対側、箱根方面に下るとよい。ずっと車道沿いだが歩道が整備され、要所には歴史遺跡がある。最後に「生命の星・地球博物館」に立ち寄れば、歴史探訪の後に、今度は理科というわけだ。まさに文理両道を究めたハイキングなのである。

石垣山の本丸前から見える小田原の市街地と小田原城（赤枠内）

📝 石垣山から見る小田原城 （前ページ写真）

石垣山の見晴らし台からは、湘南海岸とその周辺が一望。小田原城の天守閣は、戦国時代なら光彩陸離として一目瞭然だったのだろうが、現代では背後のビル群に紛れ、なかなか見つけにくい。苦労の末、一度分かってしまうと、しっかり脳裏にインプットされるので、まるで違う目を持ったかのような感覚に浸れる。

📝 神奈川県立生命の星・地球博物館

ビジュアルな展示物の質と量が圧巻。地球の成り立ちから、古代の生物、そして現在の自然と環境が膨大な資料によって展開される。本書のテーマでもある、地質や地形の成り立ちの解説もわかりやすい。じっくり見れば半日いても飽きない。

9:00 ～ 16:30 （入館は 16:00 まで）
休館日：月曜日 （その他、不定期な休館日が多く、事前に確認しておいた方が良い）
☎ 0465-21-1515　観覧料 520 円

📍 【往路】**小田原駅** （JR 東海道線・小田急電鉄）
　【復路】**入生田駅** （箱根登山鉄道）

小田原駅

北入口

正面入口

小田原城

天守閣

箱根板橋駅

静かな裏道か、わかりやすい国道か、好みに応じて道を選択

0:30

西湘バイパス

0:40

信号機「早川」歩道橋を渡る

早川駅

新幹線の手前で左の道に入る

相模湾

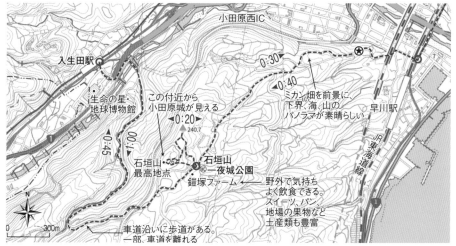

小田原西IC

入生田駅

0:30

0:40

生命の星・地球博物館

この付近から小田原城が見える
◀0:20▶

ミカン畑を前景に、下界、海、山のパノラマが素晴らしい

早川駅

240.7

0:45

0:00

石垣山最高地点

石垣山一夜城公園

鎧塚ファーム

野外で気持ちよく飲食できる。スイーツ、パン、地場の果物など土産類も豊富

JR 東海道線

車道沿いに歩道がある。一部、車道を離れる

真鶴半島の森と海

豊穣の海を育む雄大な森

灯明山　●標高 96 m
かながわ百名山

▲▲ 軽ハイク級
🕐 1時間10分～2時間10分
📅 一年中

展望★　自然★★★　＋α★★

相模湾の西端にユニークなスタイルで突き出ているのが真鶴半島である。豊富な海の幸で有名だが、その海に豊穣をもたらす山と森についてはそれほど知られていない。山と海岸を順に巡って半島の真髄に触れてみよう。

この自然は五感で感じてみたい。バス停から車道を歩き、ほどなく山道が分かれる。いきなりクスノキの大木が林立。中でも極めつけの1本の巨大さには驚くばかりだ。ひと登りで真鶴半島の最高峰である灯明山のピークに至るが、特に看板もなく、まったりしていてどこが真の山頂かよくわからない。が、ここの神髄は森と樹のスケール、拘らずともよかろう。

この先、車道と遊歩道が錯綜して、どこを歩いても良いのだが、地図に示したルートなら、全体を一番効率よく回れるはずだ。森を巡った後は海岸に下りる。今度は原生林を外側から見ることになるが、崖上から海上に覆いかぶさるような緑の迫力に、森が育む海の豊かさを実感できよう。

そして半島先端の沖合に見えるのが、注連縄の付いた三ツ石だ。干潮時なら歩いて渡れるので、できれば潮位表（次ページ）を確かめて確実な時に渡ってみたい。ただし、ゴロゴロした岩の集合体で歩きにくいことこの上なし。三ツ石まで至れば岩場となり歩きにくさから解放される。注連縄を潜り、自信があれば鳥居と祠のある岩上に登ると良い。歩いてきた石ロードの先に、豊穣の森と海とのマッチングが実感できる。

樹や水を、見て聞いて嗅いで触って、感覚器をフル動員して堪能した森＆海岸歩きを終える。残るは味覚。「感じるウオーキング」の締めくくりは、森の恵みの成果物である魚介類を味わおう。幸い、バス停や駅周辺に海鮮関連の飲食店は豊富だ。

三ツ石から見る魚つきの森と海

📝 灯明山と森

　江戸時代に航行用の灯明を設置していたことから付いた名の様だ。原生林の核心部に位置し、さして車道から遠くもないのに深山ムードを存分に味わえる。最大の売りは、個々の樹の巨大さにあるだろう。マツ類は小田原藩が植えたもので、近年は元気がなくなってきているようだが、一抱えでは済まないような極太の幹が真っ直ぐに伸び上がっている様に驚かされる。数多い楠もそうだが、人が横に立つとスケール感がより強調され、まるでジュラシックパークの世界に迷い込んだかのようだ。

楠の巨樹

📝 魚つきの森

　半島先端部の豊かな原生林は「魚つきの森」として知られている。クロマツや楠などの高木帯、アオキなどの低木帯、シダ類などの林床が階層構造をなし、豊かな土壌を形成する。滋養に富む腐葉土成分は雨によって海へ流されプランクトンを育む。そこへ魚が群れ集い、漁場として一流。まさに森が、豊穣の海を生み出しているのである。

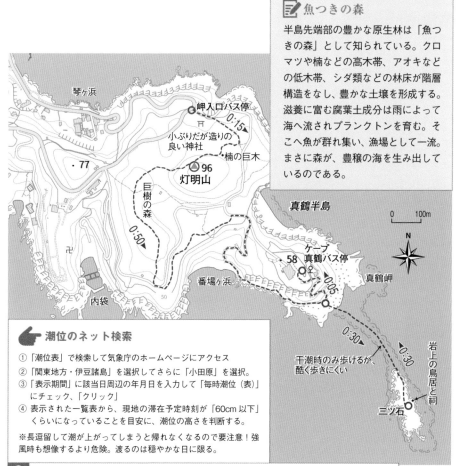

👉 潮位のネット検索

① 「潮位表」で検索して気象庁のホームページにアクセス
② 「関東地方・伊豆諸島」を選択してさらに「小田原」を選択。
③ 「表示期間」に該当日周辺の年月日を入力して「毎時潮位（表）」にチェック、「クリック」
④ 表示された一覧表から、現地の滞在予定時刻が「60cm 以下」くらいになっていることを目安に、潮位の高さを判断する。

※長逗留して潮が上がってしまうと帰れなくなるので要注意！強風時も想像するより危険。渡るのは穏やかな日に限る。

📍 【往路】真鶴駅（JR 東海道線）【伊豆箱根バス：ケープ真鶴行き 10 分】岬入口
　　【復路】ケープ真鶴【伊豆箱根バス真鶴駅行き 20 分】真鶴駅
　　※ 9:00 ～ 16:00 に概ね毎時 1 本　※問い合わせ：伊豆箱根バス小田原営業所　☎ 0465-34-0333

幕山と南郷山

梅林から歴史と展望の山へ

幕山　●標高 626 m
かながわ百名山

軽ハイク級

3時間5分

10〜6月　特に3月上旬

展望★★　自然★★　＋α★★

幕山は箱根火山エリアの南東方向で、おむすび形の分かり易い山容を見せている。旬である梅の開花期に、隣峰の南郷山と結ぶのがお勧めだ。なるべく観光客の少ない早い時間から訪れたい。

山麓は梅の名所として名高い幕山公園である。2月下旬から3月初めにかけて、幕山の裾を包み込むように、白梅や紅梅が埋め尽くす光景は絶品だ。幕山への登山道は梅を見ながらで何とも贅沢。少し高度を稼げば、梅園が立体的になって全く違った装いで魅せてくれる。背後に屹立する岩壁群「幕岩」とのコラボも見ごたえがある。岩に取り付くクライマーの姿も。

幕山山頂は広大でまったり。人気の山だが、相当な大人数でも余裕で休憩できるだけの広さを誇る。ただ、山頂ぐるりと背の高い灌木が茂り、見た目ほど期待された大パノラマというわけにはいかない。相模湾に突き出す真鶴半島が印象深い程度だ。

この先は是非とも北東方面へのルートをたどってみたい。まずは深い森の中にたたずむ「自鑑水」だ。石橋山の合戦に敗れた源頼朝が池の水に映る姿を見て再起を決意したという故事がある。大きな水溜まりといった風情だが、800年以上前の池が現存していることに歴史の重みを感じる。この先、登山道と林道が錯綜していて分岐が多いので慎重に。高みを目指して尾根に上がると南郷山に至る。展望はないが、少し東側に下ると大パノラマが開ける。

ゴルフ場脇をかすめつつ下っていく。帰路のバス停前、五郎神社では周辺の樹々の大きさに注目を。これで一巡、観光・展望・歴史・巨樹、バラエティー溢れるポイントが随所に配され飽きる暇がない。箱根らしい賑わいはエリアの片隅にも息づいている。

梅満開の幕山公園と幕山

📝 幕山の成り立ち

箱根火山の中では早い時期に形成された古株である。粘り気の強い溶岩であったため、流れにくくドーム状のスタイルになった。山の南側の急斜面には柱 状 節理の岩が縦長に連なっており、これが幕を巡らせているように見えることから幕山の名が付いた。岩自体は幕岩と呼ばれ、ロッククライミングの道場として人気がある。

　老舗火山にも関わらず、噴出当時とさほど形が変わっていない。これは箱根火山本体から少し外れた位置にあるのが幸いしたようだ。箱根は中央部ほど噴火と陥没が繰り返されたから、もし幕山がそちらに存在していたらとうの昔に原型を留めていなかったに違いない。激しい抗争が続いた中央を尻目に、争いのない周辺部でのんびりと過ごせたわけだ。

📍 【往路】湯河原駅 (JR東海道線)【箱根登山バス幕山公園行き20分　1日5本、午前は2本】
　　【復路】鍛冶屋【箱根登山バス湯河原駅行き15分　毎時1本】湯河原駅
　　※問い合わせ：箱根登山バス湯河原営業所　☎ 0465-62-2776

85

湯河原城山

鎌倉時代創立期を偲ぶ山旅

城山　標高 563 m

▲▲	軽ハイク級
🕐	3時間5分
📅	10〜6月　特に3月上旬

展望★★　自然★★　＋α★★

　ニッポン中の同名の山名で最も多いのが「城山」で、全国で実に276山を数える。ここ湯河原の城山は歴史史跡、それも鎌倉幕府草創期の史跡が至る所に点在している点、全国的にもユニークな存在と言えよう。

梅の名所で名高い幕山公園からスタート。城山へは車道をそのまま山奥へ。急カーブの箇所から山道が始まる。ひとしきり登ったところで、本日最初にして最強の史跡「しとどの窟（いわや）」に至る。よくありがちな、名前先行で舞台そのものは平凡な（つまらない）旧跡とは違い、ここの洞窟は実にユニーク。洞門状に開口部が大きく開け、崖上からの水が丁度中央を小滝のように滴り落ちてくる構図で、見逃せないポイントといえよう。

　この先は車道をループ状にたどっていくが、途中のトンネルのムードがなんとも楽しい。抜けていっぺんに広がるパノラマに歓声が上がる。そのトンネルの上の尾根に回り込んで山道が伸びる。しばし下ってわずかの登りで城山の山頂に着く。山名の由来である土肥氏の居城で「土肥城址」との碑が立っている。開放感が抜群で正面に相模湾が大きい。広くてゆったり、お弁当を広げるのには絶好だが、トンビには要注意。

　下りは蛇行する車道がメーンで、ショートカットする山道が度々出てくる。沿道には源頼朝に因む岩がいくつか。お付き合いしたいところだが、かなり道から外れた岩もあり、疲れていればカットしてみても。車道が真っすぐになるとそのまま下ることになるが、あまりに急な上、地面が固いから膝に結構こたえる。緩くなりホッとする頃、土肥氏の菩提寺であった城願寺のビャクシンの巨木を見、ラストは湯河原駅前の土肥實平夫妻の銅像を見て、半日史跡ハイクを締めくくる。

開放感に満ちた城山の山頂

源平争乱の幕開けとも言うべき石橋山合戦に敗れた頼朝が、身を隠したとされる旧跡だ。平家方であった梶原景時が頼朝一行を見つけながらわざと見逃して、その後の論功行賞につなげた故事で知られる。

逆回り

本コースを逆にたどるプランは、大差はないように思えるが、いろいろな点で不利である。
● 上り標高差のトータルが若干増える。
● 復路のバスの時間を気にする必要がある。
● 城山隧道を抜けた時の感動が得られない。
● 山中の道を分けて登った後に、しとどの窟にたどり着いた方が、落ち武者であった頼朝の気分を味わえる。

不思議なムード漂う城山隧道

幕山が堂々と見える
登山口
0:30
0:30
0:40
0:35
しとどの窟
灯籠の並ぶ舗装された歩道
幕山公園バス停
新崎川
城山隧道：車道で潜り、ぐるり回って登山道で
尾根上を通る
石畳の道　城山までは観光客も多い
0:45
車道を外れる
車道を外れる
この付近、史跡の石の数々（立石は結構遠い）
0:45
城山 563
1:05
開放感ならナンバーワンお隣の幕山も見える
1:25
0 300m
N
線路を潜る
城願寺
湯河原駅

【往路】湯河原駅（JR東海道線）【箱根登山バス幕山公園行き20分　1日5本、午前は2本】
【復路】湯河原駅　※問い合わせ：箱根登山バス湯河原営業所　☎ 0465-62-2776

巨大桜の中心に富士山、松田山最上部で→　22 コース

グラビア
山の花

さりげない一輪から、視界を埋め尽くす大群落まで、多彩極まる山の花。青空、グリーン、枯野、どんな背景にも活きてくるのが花の真骨頂だ。

ノアザミ、湯坂道で→　30 コース

芽吹き頃のアクセント、トウゴクミツバツツジ　長尾山で→　25 コース

ミツバ岳の三椏（ミツマタ）→　59 コース

房状のキブシの花と高取山→　54 コース

相模湖の背後に堂々と横たわる石老山。このエリアの山はおしなべて、相模川水系との絡みによって個性が付加されている

北相模エリア

川の両岸に展開する山地と山群へ

神奈川県の北部の山域は従来「県北の山」と位置付けられてきたが、これは神奈川県だけに通用する呼称であるので、本書では旧相模国の最北部を意味するエリア名とした。本州地塊にぶつかってきた南海起源の地質構成物が大半を占める神奈川エリアにあって、唯一ぶつけられた側に当たる。それゆえ地質形成期は遥かに古く、緻密で固い岩層の山となった。中央を流れる相模川を境に、北側は人気の高尾山から続く連続した山地帯、南側はいくつかの個性的な山群が展開、それぞれが山麓の人間事象と結びついて、様々な表情の山歩きの場を提供してくれている。

陣馬山
じんば

白馬像の待つ展望の名峰へ

陣馬山　●標高 855 m
かながわ百名山

▲▲	軽ハイク級
🕐	3時間
📅	9〜6月

展望★★★　自然★★★　+α★★

　高尾山稜の末端に位置するのが陣馬山で、ハイカー人気は非常に高い。5本ものコースがあり、広大な山頂部からは大パノラマ、茶屋も揃って、山歩きの楽しみに満ちている。そんな名峰を半日行程で歩いてみよう。

陣 馬山と聞いて思い浮かべるのは、山頂に立つ白馬の像と言う人は多いだろう。すっきりしたデザイン、どこかシュールな感じがする。リアルな馬像よりもよほど印象深く、山頂記念物のインパクト度なら日本中でもトップクラスといっていい。

　数あるルートの中で、和田第二尾根コースを選んだのは、歩き始めの車道からしばらく山間谷あいの雄大な景観が見られること、植林の多い一帯にあって明るい自然林に覆われていることからだ。気持ちよく高度を稼ぐことができる。一ノ尾尾根に合流した後はひたすら登る。

　上方が開ければ、待望の陣馬山頂だ。まずは最高点にある、名物の白馬像へ。陣馬山は陣馬高原との別称もある。その名にふさわし

く山頂は広大で、起伏のある中に複数の茶屋、洒落た標識、ベンチ類などが並び、ゆったりとした「遊べる山」のムードに満ちている。晴れた日に山頂高原の随所で群れる人々はみな楽しそうだ。

　展望も極めて優秀で360度に渡る。富士山も見事だし、南アルプスの荒川岳と赤石岳がバッチリ。他に丹沢のまとまりが雄大、奥多摩から関東山地、東京方面の下界など、標高800mクラスの山で、これほどの眺望を誇る山はあまりないだろう。

　帰路は長い一ノ尾尾根を下っていく。急な個所は殆どなく、ファミリーにも向く安心コースといえる。里まで下れば、数か所にある野菜等の無人販売所を冷やかす楽しみが待っている。駅までの車道歩きも悪くない。

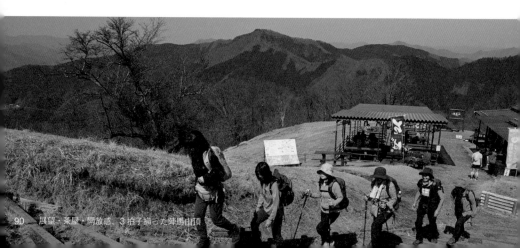

🦶 和田峠から登る

陣馬山まで最短、朝いちのタクシーで峠まで上がれば、まだ人の少ない時間、澄んだ展望も期待できるなど、早着のメリットは様々だ。

🦶 栃谷尾根を下る

陣馬山では伝統あるコースで、最短で下界へ下れるうえ、樹と下草のムードがいい所も。何より下り着いて温泉につかりたい人に向く。

★陣谷温泉「陣馬の湯」
ダイナミックな窓に緑が広がる、檜の大浴槽が絶品。入浴料は1000円。時間は日によってやや不定だが、14:00〜16:00位なら確実か。要事前連絡。
☎ 042-687-2363

📝 白馬の像と山名考

1960年代に京王帝都電鉄（現：京王電鉄）が、観光振興のため山頂に立てたもの。ちょっと見ると頭の形が不自然だが、首を反らせて、いなないていると見ればよい。しかも、いななく先方には富士山が。なかなか考えられている。ところでここの山名は、国土地理院の地形図に「陣馬山（陣場山）」と記載されている。どちらが公式名とは特定されていないようだが、この像が出来て以降、陣馬山が主力になってきたという。

📍 【往路】藤野駅（JR中央線）【神奈中バス和田行き15分、午前は8、9時台に計3本】和田
【復路】藤野駅
★タクシー：藤野交通 ☎ 042-687-3121
※営業は8:00から。朝いちなどは予約しておいた方が良い。

民家の敷地に入っていくような抵抗感のある登山口。立派な石の道標あり

和田第二尾根コース

分岐まで気持ちよい落葉樹林が続く

道標のない分岐が数か所あるが程なく合流する

近年、熊の出没が多く、クマ避け鈴を携行するよう勧められている。

和田峠

陣馬山
（陣場山）
855

山頂の賑わいの割に数が少なく行列覚悟

和田バス停

0:25
0:35
0:30
0:35
1:00
0:50
0:20
399

澤井

陣谷温泉

藤野駅へ0:30

陣馬登山口バス停

駅まで一本道。トンネルを潜り線路を渡ったらすぐ右に曲がる

N
0 300m

山頂の白馬像

91

景信山・小仏城山

山上でグルメの梯子

高尾山から陣馬山に続く山稜のほぼ中央に、景信山と城山がある。どちらも複数の茶屋があり、短時間で都合4軒も山グルメの梯子ができるのが、他の山にはないオンリーワンのお楽しみだ。

景信山　●標高 727 m
かながわ百名山

🏔 軽ハイク級
🕐 2時間40分〜3時間30分
📅 9〜6月
展望★★　自然★★　+a★★

小仏からの登り道、超人気の高尾山から外れてはいてもハイカーの姿は多いが、植林帯が少なく、明るい自然林の中を気持ちよく高度が稼げる。まずは景信山に着く。山上は上下2段から成り、それぞれに茶店が建つ。どちらも野外の椅子とテーブルが並び、ハイカーの談笑が。一角からは堂々とした丹沢山地が見事でその端を秀麗そのものの富士山が引き締める。茶屋のメニューは様々だが、ここで満腹してしまうと次の城山が続かない。グルメの梯子をするのなら、腹五分目にしておこう。

一旦、小仏峠へと下る。高尾山から続くメーンコースだけあって、人影は格段に多い。稜線上は自然林より植林が主体となりやや暗くなるが、道幅は広く勾配も緩やかでゆったりと歩けよう。再び登り着けば城山に至る。こちらは、ひな壇状であった景信山とは異なり、平らでだだっ広い台地状の山頂となっている。平地上に隣り合うように2軒の茶屋があり、飲食スペースも広大だ。居ながらにして京浜の大都会を一望する明るく開けたムードがここの身上だろう。高尾山界隈はともかく、ここの山を訪ねるのは山好きのハイカーばかり。気心を同じくする者同士で賑わう山頂茶屋のムードはまた格別である。

相模湖へ下る道はぐっと人が減り、その分歩きやすくなる。甲州街道に下ると相模湖駅までバス便があるが、街道沿いに歩けば小原宿の史跡なども巡れる。余裕があれば、弁天橋まで下るのもいい。

ハイカーで賑わう城山山頂

弁天橋と相模ダム経由

半日基準の3時間をオーバーするが、千木良まで下ってさらに歩きたい人は、相模川に架かる吊り橋:弁天橋まで下るのがお勧め。これまでの尾根歩きから一転して、深い谷底の感覚が新鮮だ。車道に上がり戦後間もない完成でがっしりした相模ダムを横断、ダム越しに今日歩いて来た稜線:景信山・小仏峠・城山を見渡せば感慨もひとしおだろう。

茶屋グルメの楽しみ

山の自然探訪もいいが、時にはグルメ主体の山歩きがあってもいい。各茶屋の自慢メニューの他、定番のキノコ汁などでも店毎に具材や味が違う。夏の風物であるかき氷とて、どこも同じではない。さらにはアプローチの起点となる高尾駅からして、構内で人気のパン店などグルメ要素がてんこ盛りだ。

景信山

景信なる、如何にも人名らしき山名は、戦国時代に北条氏の配下で、小仏峠の関所を守っていた横地景信に因むという。翻って令和の今日では、この山が「鬼滅の刃」の時透無一郎（ときとう）の出身地となっており、聖地巡礼の対象としても人気を集めている。

【往路】高尾駅北口（JR中央線・京王電鉄）（京王バス小仏行き25分 毎時約3本 平日は少ない）小仏
【復路】千木良（神奈中バス相模湖駅行き10分、毎時1本）相模湖駅（または八王子駅北口行き約30分、1日3本）高尾山口駅、高尾駅入口 ※神奈中バス津久井営業所 ☎ 042-784-0661

景信山
727

登山口、ここから山道

小仏バス停

1:00

0:50

小仏峠

出発時に高尾山方面に行かぬよう

城山
（小仏城山）
670

大垂水峠

高尾山へ

孫山
▲543

0:50

小原郷

ここまで山道

相模原駅

与瀬神社

千木良バス停

0:30

弁天橋

養護学校

0:50

相模ダム

N

0 300m

日連アルプス
ひづれ

相模湖西岸のミニアルプス縦走

中央線藤野駅の手前、中央線や中央高速の車窓から相模湖を隔てて一連の小山脈が視界に入る。小さいながらも独立性があり幾つも峰を連ね、日連アルプスの名は的を射ている。半日で踏破可能なミニアルプスだ。

峯 ●標高 423 m
かながわ百名山

🔺 軽ハイク級
🕐 2 時間 40 分〜3 時間
📅 10〜6 月　ヒル用心
展望★★　自然★★　＋α★

藤 野駅から谷へと下る。その名もズバリの日連大橋から、日連アルプスが堂々と横たわる姿が圧倒的だ。比高２００mほどなのにこの迫力は「アルプス」の名にふさわしい。トップの金剛山まではかなりの急登、特にラストで一直線に突き上げているのは足に堪える。金剛山の山頂は広く、スギ林に覆われ祠もあって、宗教的ムードが横溢、急登に堪えた身体をいたわろう。

上がってしまえばきついアップダウンはなく、明るい自然林の中を気持ちよく歩いていける。ちょっと脇道に入るが、外せないのが峯だ。まずシンプル過ぎる山名に惹かれるが、展望も日連アルプス随一。西側に大きく開けた開放的なパノラマが実にいい。

後はアルプスのピークをひとつずつ踏破していく。盟主的存在の日連山、三角点のある宝山、それぞれに個性があるので、適宜休憩していくとよい。ラストはこのアルプスの宿命で急降下になる。ロープのある所は慎重に下りたい。

ロープが終わると、後のルートは平坦に近い。そのまま真っ直ぐ藤野駅を目指しても良いが、余裕があればもうひと歩き、おおだ（青田）小径を勧めたい。相模湖沿いの静かな散歩道で、常に樹間から湖面がチラチラ見えるのが愉しい。対岸の賑わいも指呼の内だ。最後に跨ぐのが勝瀬橋。ここから眺める日連アルプスは、やはり威風堂々。藤野駅に戻ったら、跨線橋からアルプスに目を留めて名残を惜しもう。

日連大橋から見る、堂々たる日連アルプス

😊 観光案内所「ふじのね」

登山の前後にここは外せない。ＪＲ藤野駅に隣接した藤野エリアの観光案内所。「ふじの」の「ねっこ」を標榜。アート巡り（→38コース）はじめ、周辺の山々のハイキングマップなども充実。アーティストの作品や、特産の土産物などのショップも兼ねている。年末年始を除く年中無休で8:30～17:00の営業。
☎042-687-5581

📍 【往路】【復路】藤野駅 (JR中央線)

峯

登山口の案内地図では「峰山」となっているし、他には単に「峰」との表記もある。が、山中の標識や山頂の手作り看板にある「峯」がいい。ズバリ一文字、しかも「山偏の峰」ではなく、「山冠の峯」であるところに命名者の心意気を感じてしまう。これほどのシンプル山名は全国レベルでも極めてレアだ。

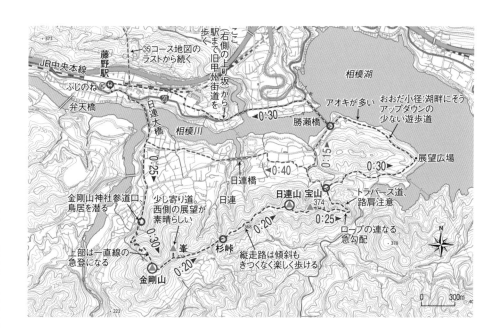

藤野芸術の山

「緑のラブレター」と「山の目」

金剛山 ●標高 456 m
かながわ百名山

▲▲	軽ハイク級＋町の地図読み
🕐	3 時間 30 分
📅	9 ～ 6 月　ヒル用心

展望★　自然★★　＋α★★★

　相模原市緑区の合併前の旧藤野町は芸術の町を標榜し、屋外の随所にアート作品が点在している。モデルコースは 3 時間を超えるが、適宜端折ったり追加したりオリジナルに、山＆里の芸術体験を愉しみたい。

藤野駅に着いたら駅隣接の「ふじのね」（⇒ 95 ページ）で、豊富なパンフ等から情報を入手しておこう。まずは、車窓や駅からよく見えていた、藤野アートのシンボル的な「緑のラブレター」を目指す。駐車場が起点だが、道が錯綜していてルート探しが結構難しい。本来は遠くから眺めるからこそいいのであって、楽屋裏をあえて見る必要などないかもしれないが、仕掛けを見てなるほどと、設置者の苦心に思いを馳せるのは悪くない。

　次いでラブレターの懸かる本峰に当たる京塚山へ。宗教的石碑など並ぶが、丹沢などの展望もよく、からっとしたムードの山頂は心地良い。京塚山を含む一帯の山エリアは、一見意味不明な「藤野園芸ランド遊歩道」の名があるが、明るい雑木林の中を歩きよい道が巡らされている。おすすめコースに捉われず、歩き回ってみるのもいい。

　いったん山を外れるが、ここは車道も楽しめるのがミソ。あちらこちらに野外アートが展示され、パンフから探し出していくのがなんとも楽しい。わけても山上部に光る「山の目」は全国的にもユニークな存在だ。一目見た時のドッキリ感ときたら。

　再び山道へ、一帯の最高峰である名倉金剛山を目指す。そのまま稜線を歩いて高倉山へ。ここから山の目を「上から目線」で見下ろしてみたい。再び車道に降りる。後は藤野芸術の道をのんびりと歩いていく。駅に戻る頃には心も身体もアートに染まっているだろう。

石楯山

名倉峠から気軽に往復できる。高度差は少ないが、相模川西方の眺めが素晴らしい。また、山頂一帯は4月下旬ならヤマツツジの開花に彩られ、山麓は桜の季節が実に見事。

高倉山のその先へ

「山の目」の高倉山からさらに東へと道が続く。ここはアップダウンが少なく、明るい自然林が続くプロムナードコースで気持ちよく歩けるのだが、「見晴し」と看板のある所から先は通行止め。2019年台風による崩壊のためなのだが、当面復旧の見通しはないとのこと。良いコースなので何とかして欲しいところだが、往復するだけでも価値はある。

【往路】【復路】藤野駅（JR中央線）

★バス：藤野駅を起点に秋川橋経由で芸術の道を周回するバスがある。平日8本、土曜4本、日祝日は運休 ※富士急山梨バス上野原営業所
☎ 0554-63-1260

石砂山
（いしざれやま）

春の女神ギフチョウを求めて

一芸に秀でた山、しかも年に10日の期間限定で。3月末、多くの人がこの山を目指す。春の女神と呼ばれる蝶、希少種であるギフチョウが優雅で可憐な姿を見せてくれるのである。

石砂山　　標高 578 m
かながわ百名山

🏔 軽ハイク級

🕐 2時間 30分

📅 10 〜 6月　ヒル用心

展望★★　自然★★　＋a★★

お目当てのギフチョウは、下界で桜の咲く頃、穏やかに晴れた、風の弱い日が狙い目だ。陽が差し暖かくなってくると、山頂付近にどこからともなく蝶たちが姿を現すのである。

起点の篠原集落は里山ムードが横溢。登山口には「蛭注意」の看板類が。明るい自然林の中、歩きやすい上り道が続く。足元には幼齢のギフチョウの餌となるカンアオイも見られるが、この付近の蝶は少ない。

ワンピッチで山頂だ。休日ともなれば、既に大勢のギャラリーが詰めかけている。そのギャラリーの期待に応えるかのように、日向で羽を広げじっとポーズを取ってくれるのである。これは、羽を日に当てて身体を暖めて、その日の活動に備えるためという。

そんな習性のお陰で、素人でもバッチリ写真が撮れるわけなのだ。

昆虫一種だけで名を成した山など、日本中探してもそうそうあるものではない。ある意味、石砂山は全国レベルでの個性を有していることになる。首尾よく蝶に巡り合えた時の達成感は、他の山では得られない。充実感に酔いしれながら山頂を後にできよう。下り着いた菅井集落は花が多く、春爛漫のムードが実に心地よい。

ハイキングの締め括りには、藤野やまなみ温泉がいい位置に付けている。正面の駐車スペースから、小ぶりながら格好の良い山が見える。バランスの取れた穏やかな三角形、石砂山西峰だ。美形の山。一芸どころか、しっかり天は二物を与えている。

藤野やまなみ温泉から、イケメンの石砂山西峰

📝 ギフチョウ

明治時代に岐阜県で初めて認定されたことからこの名がある。アゲハチョウ科に属する日本の固有種で、里山の放棄、開発などにより個体数の減少が著しい。貴重種である。採ることはもちろん、触れるのも避けたい。「撮る」に留めておこう。

☺ 藤野やまなみ温泉

下山ポイントである菅井集落からの車道歩きが長いが、広やかな温泉で、桜の頃なら満開の桜が取り巻く露天風呂が絶品。

☎ 042-686-8073

👢 プラスコース

菅井集落から峰山（かながわ百名山：570ｍ）を越えると、藤野やまなみ温泉まで効率よく歩ける。峰山山頂から眺める石砂山が、まとまりがあって良い。

📍

【往路】藤野駅（JR 中央線）《タクシー 15 分》篠原　※タクシー：藤野交通☎ 042-687-3121
※営業は朝８：00 から、それより早い時間は乗車不可
【帰路】藤野やまなみ温泉《神奈中バス藤野駅行き 15 分、土休日は午後に３本あるが、平日は少ない》藤野駅
※なお、藤野やまなみ温泉から、篠原、菅井の両地区へデマンド交通が利用できる。
「菅井地区乗り合いタクシー」「篠原地区デマンドタクシー」でネット検索を。
※車利用の場合は、福祉施設である篠原の里の駐車場が 500 円、通年フルタイムで利用できる。

篠原の里の駐車場Ｐ
篠原
ここから山道
415.6
藤野やまなみ温泉
499
木陰も充分。数々の伝承あり、平らで広く、休憩には絶好
山頂から石砂山がよく見えるほか、丹沢方面の眺めも良い。
かなりの急坂、スリップ注意
0.35
・435
・268
1:00
0.45
・496
相模湖CC
・572
0.40
小舟
峰山
570
石砂山
578
気持ちの良い樹林の森
0.55
0.50
峰山がよく見える
大羽橋
・375
N
・297
・568
300m
菅井
花の大変美しい里風景 536
伏馬田
・390
・508
天神隧道
トンネル手前で山の道へ

川上川
相模湖CC

石老山
（せきろう）

北相模随一のどっしり山へ

石老山　●標高 702 m
かながわ百名山

🏔	軽ハイク級
🕐	2時間55分〜3時間20分
📅	10〜6月　ヒル用心

展望★　自然★　＋a★★

相模湖のバックにそびえるどっしりした一塊の山。いくつもの小ピークを連ね、まるで小さな山脈の様相だ。実に立派なのだが、それが石老山と知る人は少ない。その名の通り、石とは切っても切れない縁がある。

登 山道の拠点となる顕鏡寺へは緩く登る車道もあるが、昔ながらの表参道から登りたい。樹影の深い苔むした石段を上るうち、様々な石の自然造形と巡り合える。それぞれ名前の由来を知るのが楽しい。

寺から先も石のモニュメントは続き、静かな山旅が期待できるが、山頂に近づくと急に人の声がして、いつ登っても賑わっている。テーブルとベンチが数多く設置され休憩に絶好だから、登山客が一極集中するのだろう。樹林の一角が切れていて、丹沢最高の蛭ヶ岳や富士山の眺めも優れている。

下山は往路を下るのが最短だが、どっしり石老山の全容を知るのなら、北西へ稜線沿いに延びる路を取ると良い。細かくて急なアップダウンが連続し、歩き応えはなかなかのものだ。下界から見えた幾つもの小ピークを越えているのだと実感できる。

山頂からワンピッチで、大明神展望台がある。相模湖から背後の陣馬・高尾の連嶺、そして東京方面の眺めが良いが、樹が伸びてきて往年よりは見晴らしが悪くなったようだ。すぐに2本の道が分かれる。右側の谷道の方が近いが、左手の尾根道は眺めの良い所もある。急なので注意して下りたい。

この山の価値はむしろ、下山その後にあるだろう。一度登った山は、他所から見て分かり易い。中央線や中高高速の車中から相模湖をバックに大きな姿。プレジャーフォレストの前面には視界一杯に蟠踞。遠方からでも巨大な山塊として見て取れる。見つける度に誇らしい気分になるだろう。

石老山の岩

石の回廊をはじめ、山中の至る所で、河原によくある丸い小石をセメントで固めた、コンクリートのような岩を見かける。山から川を経て磨かれた石が海底に堆積して地層を成し、そのまま隆起したもので、地質史が詰まっている。この小石が古く老いているとされたことが、古刹・顕鏡寺の山号の語源になったという。さらにはその山号が背後の山名になったわけで、如何に石と縁深き山であることがわかるだろう。

【往路】相模湖駅 (JR 中央線)【神奈中バス：三ヶ木行き 10 分、毎時 1 〜 2 本】石老山入口
【復路】プレジャーフォレスト前【神奈中バス相模湖駅行き 10 分、毎時 1 〜 2 本】相模湖駅 ※本数は多くないが、逆方向の三ヶ木行きのバスが来たら終点まで乗り、橋本駅行きに乗り換える手もある。

★車の場合
マイカー利用の場合は往路をそのまま下ることになる。相模湖病院の裏の登山口に、登山者用の駐車場がある。

本文のように周回した場合は、相模湖の渡船で相模湖駅方面へ戻るのも楽しいし、温泉に入りたければ、プレジャーフォレスト前のさがみ湖温泉「うるり」が利用できる。（どちらも → 103 ページ）

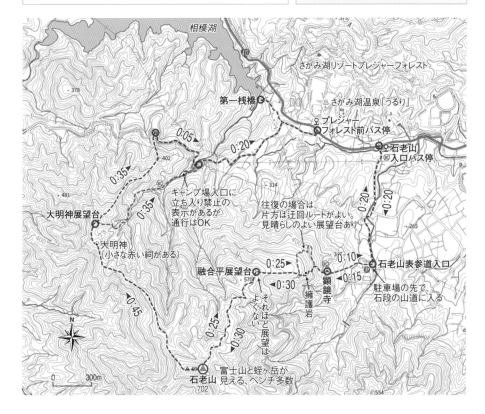

嵐山と相模湖

相模湖を生み、生かされる山

嵐山　●標高 406 m
かながわ百名山

▲▲	軽ハイク級
🕐	2 時間 20 分
📅	10 〜 6 月　ヒル用心

展望★★　自然★　＋α★

　その姿や植生が京都の嵐山を思わせることが名の由来という。相模湖の一端に衝立の様にそびえ、自身が生み出した相模湖と一体となった山ならではの展望を愉しみ、そのスタイルにも注目を。

　山歩きのプロローグは、嵐山とともに相模湖をせき止めた相模ダムである。大きくはないが、戦時中の着工ならではの武骨な造りに歴史的価値が感じられよう。登山口からひと登りで山頂。眼下に我が子：相模湖がバッチリ。湖を取り巻く町並み、中央高速のライン、背後に霞む山々、各パーツが組み合わさった眺めが決まっている。それもそのはず、「嵐山からの相模湖」は「かながわの景勝 50 選」に認定されているのである。

　山頂には社が祀られ、大人数でも休むのに絶好だが、時折入る場違いなチャイム音と音声放送に驚く。山のすぐ裏手が、今を時めく、さがみ湖リゾートプレジャーフォレストに当たるのだ。嵐山は山地一帯の盟主。その南斜面上に展開しているプレジャー

フォレストは嵐山の弟分といったところだろうか。

　下る道は、今にも下界に出られそうで出ない。アップダウンの連続で、簡易な木橋で何度も沢を渡るなど変化に富む。プレジャーフォレストの正面で登山終了となるが、実は駅までの帰りにおすすめコースが。それが相模湖の渡船なのである。

　船路の後半、湖上から嵐山がバッチリ。船上から今しがた登った山を見あげる気分はまた格別だ。中でも目を引くのが山と湖の境界のライン、国道沿いにコンクリート製の落石覆い（嵐山洞門）が連なっていて、これがまるでファスナーの様に見えるのである。嵐山と相模湖との、切っても切れない親子関係をイメージしているようだ。

嵐山山頂からの相模湖

📝 相模湖の渡船

下山口側の第一桟橋から、相模湖公園まで約10分。ユニークなのは、乗船口に係員がいない時は、置かれたドラム缶をたたいて対岸のキャンプ場の担当者を呼び出す通信システムだ。
昼頃から夕方の運航、大人片道600円、2人の場合は2人で1500円、1人の場合は1000円

😊 さがみ湖温泉「うるり」

本文のように、登山後は渡船で嵐山を極めたいところだが、プレジャーフォレストで過ごすのも嵐山つながりで悪くない。プレジャーフォレスト前のさがみ湖温泉「うるり」はプレジャーフォレストとは関係なく利用できる。岩盤浴やほぐし処、食事処など規模が大きく種類も多い。入浴料：平日は950円、土休日と繁忙期は1100円　10:00または11:00～20:00の営業　☎042-685-2641

📍

【往路】相模湖駅（JR中央線）
【復路】プレジャーフォレスト前【神奈中バス相模湖駅行き10分、毎時1～2本】相模湖駅または第一桟橋（みの石ボート10分）相模湖公園（徒歩10分）相模湖駅

👟 石老山へ

丸1日歩きたければ、プレジャーフォレスト前に下山した後、眼前にそびえる石老山に登ると良い（→コース40）。東海自然歩道経由で向かうのなら、下山地点から車道上の歩道橋を渡って標識に従い歩くが、多少遠回りになる。件の歩道橋を渡らず、そのままバス道を西へ向かい石老山登山口のバス停経由の方がすっきりしている。

城山湖外輪山

変化に富む湖畔一周

津久井湖の、背後の山の裏側にひっそり水を湛える城山湖は訪れる人も少ない。なにより特徴的なことは、周囲を外輪山が取り巻いていることだ。外輪山と湖水が見事に融合した小世界を一周してみよう。

草戸山　●標高 364 m
かながわ百名山

🔺🔺　軽ハイク級

🕐　2時間〜2時間30分

📅　10〜6月

展望★　自然★　＋α★★

城山湖と城山ダムはセットではない。城山ダムが貯水するのは津久井湖で、ダムサイトには観光拠点もあってよく知られているが、一方の城山湖は湖に流れこむ川がなく、四囲に迫る山々で完結した小世界を構成している。湖＆山のまとまり感なら全国的にも有数のものだろう。この外輪山とダムサイトを組み合わせると、ぐるりと湖を一周することもできる。

バスの終点：大戸は山間の住宅地で、谷間に川が流れる。これが境川で、上流をせき止め城山湖をなし、遥か江の島の対岸まで下り着く。車道を登って行ってまずは金刀比羅宮を目指そう。背後の展望台からは東京や横浜・川崎に至る町並みが圧巻だ。

次いで城山湖をせき止める本沢ダムのダムサイトへ。一帯は広やかで、晴れた日などは底抜けに明るい。ダム上を渡り、いよいよ外輪山に取りつく。ひと歩きで東京都と神奈川県の境の道となり、草戸山に着く。ベンチがあり休憩に向き展望台もあるが、絶景の大パノラマというほどではない。

後は都県境に沿って外輪山の上り下りが続く。途中のふれあい休憩所は、外輪山では一番の見どころで、水を湛えた城山湖の背後に広がる東京方面の展望がみごとだ。この先、外輪山の最高峰である榎窪山があるが展望もなく、巻道経由でもよい。

最後のポイントが山の南面中腹に建つ峰ノ薬師である。ここからは津久井湖そして城山ダムの眺めがいい。二つのダム湖の関連について思いを馳せてみたい。

城山と津久井湖へ

歩き足りない場合は、終点の峯の薬師バス停からバスに乗らず、そのまま津久井湖方面へ下ると良い。津久井湖に架かる豪快な三井大橋を渡ってバス便の多い路線に至り、城山ダムまで歩けば観光スポットも揃う。さらに城山登山（→ 43 コース）と連結させるのもお勧めだ。

【往路】橋本駅北口（JR 横浜線）
または相原駅西口【神奈中バス大戸行きで 40 分、毎時 1 本ほど】大戸
【復路】峯の薬師入口【神奈中バス 25 分、毎時 1 本ほど】橋本駅北口
※神奈中バス津久井営業所 ☎ 042-784-0661

車利用の場合は城山湖展望台の近辺に駐車場がある。なおダムサイト一帯の立ち入りを含め、日中しか利用できないので注意を。4 〜 9 月は 9:00 〜 17:00、10 〜 3 月は 16:00 まで。

草戸山 ▲364

0:40 底抜けに明るい静かなダムサイト

大戸バス停

0:15

本沢ダム

城山湖

0:20

東側の眺めが良い

ふれあい休憩所

野鳥観察休憩所

金刀比羅宮
急な階段を登って金刀比羅宮へ。宮の横手からさらに上がると展望が良くなる

▲263

榧窪山 ▲420

0:40 城山湖や草戸山が一望できる。金刀比羅宮から車道往復15分ほど

▲351.8

0:35

車利用の場合は南岸ルート経由で一周すると良い

▲262

264

334 峰ノ薬師

0:10

218

197 峰ノ薬師入口

164

津久井湖

145

146 140

0:30

三井大橋

140

城山ダム

N

0   300m

クラブ前バス停

163

城山
▲375

津久井城山

一山そっくり、城跡巡り

城山　●標高 375 m
かながわ百名山

🔺🔺	軽ハイク級
🕐	2時間40分
📅	10〜6月　ヒル用心

展望★★　自然★　＋α★★

周囲の山につながらず独立峰の趣がある城山は、4か所の登山口からルートが四通八達し、様々なパターンが楽しめる。ここでは、主要ポイントを隈なく巡る、ちょっと欲張りなコースを紹介しよう。

山頂に一番遠い登山口から入ろう。まずは小倉男坂、観光パンフの類には「急峻で危険、通行勧めず」とあるが、これは観光客向け。山に親しんだ人なら問題なく、急な所にはガッチリした鎖の手すりが付いているのでむしろ登りやすい。

最初のピークが鷹射場で、パノラマの見事さなら一番だ。遥か地平線に連なる東京のビル群、戦国時代の城主が見たら岩の山脈と錯覚するだろう。現代建築技術の集大成「東京山脈」を眺める気分はまた格別。

ここから戦国期には樹木など無かった山上の城郭部を歩く。ひと山そっくり城を構成していたため、史跡に事欠かない。山頂部は本城曲輪（ほんじょうぐるわ）となっていて、眼下の津久井湖が巨大な堀のように見えてくる。

お中道をぐるりと回りこんで、根小屋へと下る。途中の展望広場からは丹沢方面がズラリと見えるのが嬉しい。根小屋登山口では、是非パークセンターに寄りたい。城山一帯の自然は元より、津久井城についての様々な解説に興味をそそられる。もう一度登り返したくなるかもしれない。

わずかに登り返して、車椅子も通行できる湖畔展望園路をゆるゆると歩き、城山ダムのダムサイトにある津久井湖観光センターへ。一帯は桜の名所としても有名。さらに津久井湖対岸の「水の苑地」からは、堂々とした城山と前面の津久井湖、「城と堀」を存分に眺められる。ことに芝生広場背後の壁泉に注目を。今登った山を、滝の裏側から見られるなんて、この城山ぐらいのものでは？

鷹射場から見る地平線上の「東京山脈」

📝 津久井城と城山

津久井城のあった城山は典型的な山城で、戦国時代には北条氏の支城となっていたが、秀吉の小田原攻めに際して落城した。ここの城山の凄さは、地元自治体の名までを「城山町」にしてしまったことに尽きる。だが、肝心の山頂部が町域から外れていたのは残念であったかも。2010年に相模原市と合併して城山町の名は消えたが、城山ダム、城山湖、城山高校など随所にその名は健在である。地元にとって、心象的なシンボルであることの証といえよう。

📍 **【往路】橋本駅北口**（JR横浜線・京王電鉄）【神奈中バス鳥居原ふれあいの館行き20分、毎時1本程度】城山登山口
【復路】津久井湖観光センター前【神奈中バス橋本駅北口行き20分　毎時4本】
橋本駅北口　※神奈中バス津久井営業所　☎042-784-0661

三増峠と雨乞山

史跡を巡って深い山中へ

雨乞山 ●標高 429 m
かながわ百名山

軽ハイク級＋山の地図読み

3 時間 15 分

10 〜 6 月　ヒル用心

展望　自然★　＋α★★

　三増峠合戦は戦国期最大規模の山岳戦といわれる。戦場となった一帯の数々の史跡を巡りながら、軍勢が籠もったであろう山中に入り、一部は地図読みスキルが必要な杣道をたどって最高峰：雨乞山を目指す。

　田代周辺は小さな史跡の宝庫だ。中でも三増合戦がらみは丁寧な案内板があり、大いに歴史欲を満たしてくれる。ハイライトは三増合戦碑で、広やかな平野の背後に低山が連なり、耳をすませば鬨の声が聞こえてきそうなムードが漂っている。

　しばらくは畑の中の舗装路を歩く。広やかな開放感が心地よく、なるほどこれだけ広ければ両軍総勢数万人が展開できたろうと納得がいく。やがて三増峠への主要車道を歩く。左右から山が迫ってきてうす暗くなり、先刻とは全く雰囲気が違ってくる。トンネルの手前でようやく登山道に入る。三増峠はひっそりとしていて地蔵尊もあり、戦疲れした心が癒されるスポットだ。

　さてここから本書でも最も地図読み力が要求されるルートに入る。道型はしっかりしているが、分岐が極めて多く、地図や GPS は元より、現場に付けられたテープ類なども頼りに慎重に歩きたい。ただ、間違えてもそのまま里や林道に出るので、遭難する可能性は低いと思われるが。

　やがて関東ふれあいの道に合流すれば悪所は終了、ほどなくこの山地の最高峰である雨乞山に着く。展望は殆どないものの、植林帯ばかりのこの山中では唯一明るく開けていて休憩にも向く。この先は山中も、里に下りてからも、ずっと関東ふれあいの道をたどることになる。要所要所には丁寧な道標があり道を間違えることはないだろう。ラストに見えるのが、小倉山の砕石跡の凄まじさ、一気に現代に引き戻されることになる。

三増合戦碑、古戦場を気楽に訪問できるのも平和なればこそ

📝 三増峠の戦い

三増峠の名は一連の戦のシンボリックなもの。1569年、小田原城への侵攻帰りの武田勢を、三増峠付近の高台に布陣した北条勢が待ち伏せた。緒戦は北条方が優勢だったが、信玄がうまく采配、高所に伏兵を配し上から攻めるなどして武田が勝利した。かように地形の高低差が大きく作用した戦を「山岳戦」と呼ぶ。

😊 久保田酒造

帰路のバスは便数が少ないが、その待ち時間を有効に使えるのが、バス停のすぐ手前にある久保田酒造だ。映画のロケにも使われた古色豊かで壮大な建屋、その一角の販売コーナーは時代劇の舞台のよう。「相模灘」のネームで各種の日本酒がそろい、下戸の方には上質で廉価な酒粕がおすすめ。繁忙期でなければ、30分ほどの蔵見学もできる（要予約）。☎ 042-784-0045

📍 【往路】**本厚木駅**（小田急電鉄）【神奈中バス半原行き（田代経由）35分　1本/1時間】田代
※半原行き（野外センター前経由）の場合は半僧坊前で下車して徒歩10分で田代（地図→119ページ）
【復路】**無料庵**【神奈中バス橋本駅北口行き30分　1本/1時間（10、11、14時台は無い）】橋本駅（JR横浜線・京王電鉄）
神奈中バス津久井営業所　☎ 042-784-0661

三角測量と一等三角点

　明治期以来の富国強兵の一環として、国土を詳細かつ精密に把握するため、全国を統一した基準で測量した国家プロジェクトの成果物が、国土地理院地形図である。わが国のあらゆる地図の総本山であり、幾種かの縮尺で全国をカバー、記された山名もまた重要な情報といえる。古来のアナログな測量は、一本の直線（基線）を設定し長さを測り、そこを底辺に三角形を次々に展開させていくことでなされた。こうして全国に10万点に及ぶ、一等から四等までの三角点網が設置されたのである。

　最初の三角測量は1882年、現在の相模原市と座間市に設置された二つのポイントを結ぶ相模野基線を底辺に、鳶尾山と横浜市緑区の高尾山を結んだものである（地図）。この4点には、いずれも一等三角点が設置されている。一等三角点は最も基本をなすもので、全国に千点近く（神奈川県内には6点）が設置されている。概して主要な山岳の山頂に設置されるケースが多く、希少性も手伝って、一等三角点のある山を特別視している登山者も多い。登山のステータスを上げてくれる分りやすい目標と言えるだろう。本書で紹介した中では、鳶尾山（49コース）、浅間山（19コース）、三浦二子山（11コース）が該当する。最高ランクだけあって標石は太いし、周囲を固める石群や囲いなど、2等以下の三角点との格の違いを見せつけている。

鳶尾山の一等三角点　　　　二子山の一等三角点

浅間山の一等三角点

町田駅
川町
三角形
上萩野　八菅神社
高尾山（緑区）
三角形
相模野基線
鳶尾山
鳶尾団地
N
さがみ野駅
0　　3km

横浜港の沖から相模平野の後方にわだかまる丹沢山地。山脈構成は複雑でも、大きく見れば一つの巨大山塊として他とは明瞭に独立していることが見て取れる。そこに、遥か南海上からやってきた丹沢の山岳形成史が秘められている。

丹沢エリア

複雑怪奇な山脈、その主脈と末端へ

遥か南海の火山群が本州に衝突して隆起したのが丹沢山地である。激しくもまれ押し上げられた結果、主脈が環状に曲がりくねり、そこから無数の尾根と谷を発達させ、複雑極まりない山岳構成となった。主脈の多くは標高1000mを越え、泊りか日帰りギリギリの山が多いが、周辺末端に延びる無数の尾根が、格好の軽ハイクエリアを広範囲に提供してくれている。そうした末端の低山と、主脈であっても交通の便からアプローチしやすい山々が、半日の山のターゲットとなった。

松茸山と宮ヶ瀬湖岸

空白域の山と静かな湖岸

松茸山　●標高 584 m
かながわ百名山

▲▲ 軽ハイク級
🕐 3時間20分（車なら1時間45分）
📅 10〜6月　ヒル用心
展望★　自然★★　＋α★

　2本の川に挟まれ、まるで周囲から孤立した独立峰の趣があるのが松茸山だ。「松茸山自然の森公園」として登山道などが整備されているが、登山ガイド本の類からは、殆どスルーされており静かな山歩きが楽しめる。

　バス利用の場合、車道歩きが長いが、車の通行は少なく、静かな谷あいの集落や畑を眺めつつ歩く小一時間は悪くない。谷のどん詰まりのトンネルを抜けると、風景が一変し正面に松茸山の山塊が姿を現す。

　独立感の強い松茸山一帯には4本の登山口がある。その内、水沢川口から橋を渡って登り始める。松茸山の山頂は最高地点と三角点の二つがあり、まずは最高点を目指そう。スギなどの植林帯もあるが落葉樹自然林にも恵まれ、葉を落とした冬場などは明るい山歩きが楽しめる。

　最高点には整備された東屋が立ち、一角から丹沢最高峰の蛭ヶ岳が眺められる。一方の三角点ピークは、巨大な樹が何本も根を張り、樹間から宮ヶ瀬湖と周辺の山が望まれる。自然のムードはこちらが優るから、2ピーク双方で休憩を取りたい。後は、時折り眺めも利く尾根道を早戸川口まで下っていく。公園として整備されているだけあって登山道に無理がない。

　この先は宮ヶ瀬湖の南岸に沿って歩いていく。舗装された車道だが一般車通行止めなので、入り組んだ湖岸沿いに、時間はかかるが静かなウオーキングが楽しめる。途中、バードウォッチャーが多いし、橋上から釣り糸を垂れる太公望の姿も。

　終点は一気ににぎやかな宮ヶ瀬湖畔園地のエリアに出る。ここまで半日、観光ポイント豊富な園地一帯を巡るのもいいし、なお余裕があれば、もう一山、春ノ木丸に登ってみるのも一興だろう。

冬枯れした明るい松茸山の尾根

🐾 春ノ木丸

宮ヶ瀬湖畔園地の背後に横たわる小さな山で、1時間少々ながら変化に富んだ山歩きが楽しめる。道標に従い、ややヤブがちの細い道を登っていく。高みに至ると、樹間からチラチラと見える宮ヶ瀬のブルーが良い感じで決まっている。山頂も樹林帯ですっきりした

山頂から見る宮ヶ瀬湖

展望はない。下りはズバリ「春ノ木トンネル」が穿たれた尾根を下るが、尾根の高みに沿って巨樹が何本も根を張り見ごたえがある。下山ポイントは湖畔園地の中央なので、ぐるり周って水の郷大吊橋を渡って、今しがた登った山を見てみるといいだろう。

😊 旅館みはる

コース終点にある旅館で、日帰り入浴ができる。温泉ではないが展望の良い浴室で、付属のレストランも広い。
●土・日・祝のみ11:00〜19:00限定　＊大人1100円　☎046-288-2727

📍【往路】**橋本駅**（JR横浜線、京王電鉄）橋本駅北口【神奈中バス鳥居原ふれあいの館行き50分、毎時1本程度】鳥屋　※神奈中バス津久井営業所　☎042-784-0661
【復路】**宮ヶ瀬**【神奈中バス本厚木駅行き55分　1本/1時間】本厚木駅（小田急電鉄）※神奈中バス厚木営業所　☎046-241-2626
★**車利用の場合**
早戸川口に駐車場がある。開場は4月〜11月の土曜日・日曜日、8:00〜17:00のみ

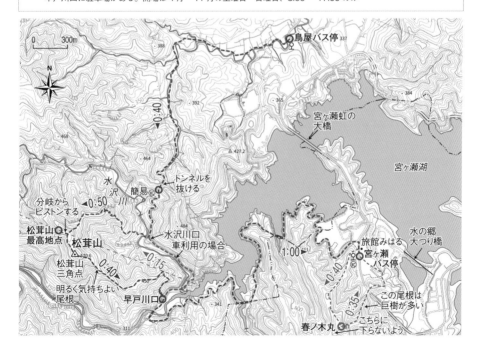

南山と宮ヶ瀬ダム

宮ヶ瀬ダムの母なる山へ

南山　●標高 544 m
かながわ百名山

	軽ハイク級
🕐	3時間5分
📅	10〜6月、特に1〜2月　ヒル用心

展望★★　自然★　+α★★

神奈川県最大の水がめ：宮ヶ瀬湖の北岸に小さな一塊の山脈が連なっている。主峰である南山は宮ヶ瀬ダムのコンクリートの石材を提供した、いわばダムの母なる山だ。山を楽しみつつ水道事業に思いを馳せてみよう。

こではミニ山地を西から東へ縦走する。幾つかの小ピークを越えて初めて展望が開けるのが送電鉄塔の建つエリアだ。眼下に宮ヶ瀬湖とダムサイトがすっきり見えるのはこの小山地の中ではここだけなので、ちょっと時間を取って休みたい。

次いで山地最高峰の権現平に至る。文字通り、山頂部は広く平らに開けた原になっており、立派なトイレや、階段状観客席のある展望スペースなど、贅沢さがここの売りだ。が、トイレは寒い時期は凍結防止のため使えず、展望桟敷は前方に樹が茂って肝心の眺めはあまり良くないなど、ちょっと残念なピークではある。

そんなモヤモヤ感は、次の南山のピークできれいに吹き飛ぶ。ダムサイトこそ見えない

が、宮ヶ瀬湖の背景に雄大な丹沢山地がゆったりと広がる大パノラマ。そしてここならではの名物が、蛭ヶ岳のお隣、鬼ヶ岩ノ頭の手前に伸びる尾根上に描き出される白馬像だ。

ダム方面へは急角度で一挙に下る。まともに下ればあいかわ公園だが、水資源がテーマのハイクである以上、是非にも宮ヶ瀬ダムに立ち寄りたい。ダムサイトは豪快で気持ちがいいし、水道関連の諸施設は興味を引く。湖面を眺めて、南山南面のダム用の原石を砕石した跡も眺めてみれば、その上の山を足下にしてきたハイカーならではの感慨に浸れるに違いない。

下界へはダムのインクラインで下るのも面白いが、歩いて下れば広大で立派なあいかわ公園を堪能することが出来る。

☺ 水とエネルギー館

ダムサイトには、ダム建設経過の展示のある展望台・エレベーター・インクラインなど骨太施設が多いが、神奈川県の水事情を楽しく知るなら水エネ館だ。展示がわかりやすくきれい。もうひとつ見逃せないのが付属レストランの「宮ヶ瀬ダム放流カレー」。動きが楽しめる料理、という発想がユニークで、楽しさに満ち溢れている。

開館は9:00〜17:00、ただし12〜3月は10:00〜16:00　レストランは11:30〜15:00　☎046-281-5171

📝 白馬の雪形

蛭ヶ岳近くのかなり上方に、樹林の途切れたエリアが馬型に広がっているわけだが、雪が積もっていないとわかりにくい。下界で冷たい雨の降った後がおすすめ。本家の白馬岳をはじめ、各地の山の雪形模様の多くは説明されても分かりにくい中で、分かり易さで天下一品、素人目でも一目瞭然。この事実は全国の山岳ファンにもっと知られていい。

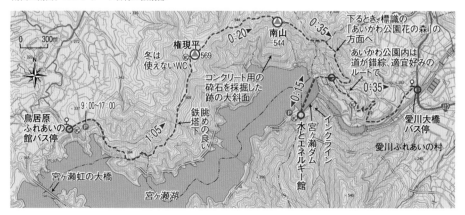

南山の南面、コンクリート石材の掘削跡

📍 **往路】橋本駅**（JR横浜線・京王電鉄）【神奈中バス鳥居原ふれあいの館行き50分、毎時1本程度】鳥居原ふれあいの館
【復路】愛川大橋【神奈中バス厚木バスセンター行き50分、毎時1本】本厚木駅（小田急電鉄）※問い合わせは113ページ参照

仏果山
ぶっかさん

巨大鉄塔からの大パノラマ

仏果山　●標高 747 m
かながわ百名山

| 🏔 軽ハイク級 |
| 🕐 2時間40分 |
| 📅 9〜6月　ヒル用心 |
| 展望★★　自然★　＋α★ |

仏果山を盟主とする山地は、丹沢とは独立した唯我独尊的なムードで望まれる。山地縦走が想起されるが、ここでは山奥から町へと横断してみたい。ストレートに登って下るだけの、すっきりした潔さがこのルートの身上だ。

登　山口から車道で100mほど先にある大棚沢広場は整備された公園で、湖の風光明媚なところ。登山前の腹ごしらえにも向くし、下山後ならバスの時間待ちに好適だ。

山脈を横断するので、当然ながら急な登り道が続く。時々ちらちらと光る水面が視界に飛び込んできて良き気晴らしになるのは、湖畔の山ならではの特権だ。伝統あるコースだけによく整備が行き届き、頻繁に出てくる道標の距離表示に励まされる。

「宮ヶ瀬越」の立派な看板を見て、しばし山脈の稜線を縦走する。もう山頂かと思われる所で分岐を示す道標が立っているが、あえて仏果山山頂ではない方に進んでみよう。10歩かそこらで、初めて南側の展望が開けるが、ここが仏果山の、ひいてはこの山脈の最高地点に当たるからだ。

山頂には名物の大展望鉄塔が建っている。愛川町・厚木市の登山コースにはいくつか同様の展望塔が建っているが、ハイカー向けなのがありがたい。てっぺんからは、文字通りの360度の大パノラマが待っている。一番の迫力は、宮ヶ瀬湖の碧い湖水の背後に膨大なボリュームで蟠踞する丹沢山地だ。

山頂はベンチも相当多い。存分に休んだら町方面へと下る。植林帯が延々と伸び、作業道も何回か横切って、つい先刻まで遥か眼下にあった町里エリアに下り着く。山脈横断だけあって、登り返しのない、さっぱり登山道が身体で実感できたことだろう。そのままバス道まで歩くもよし、山名を頂くカフェで山の思い出に浸るのもいい。

🙂 カフェ仏果堂

下山した登山口から徒歩3分、名前といい、まさに仏果山登山と因縁がありそうだが、単に近隣の著名な山名を頂いたとのことで、山に関する格別の思い入れはないようだ。屋外テーブルが多く、レトロというよりワイルドといった感じ、オシャレなカフェをとの期待には応えられない。が、自慢のコーヒーをはじめ出てくるメニューの風合いは逸品。やっぱり、仏果山の下山後はここで、と思えてしまうのである。※火水を除く12:00～20:00営業

📝 仏果山登山口バス停

宮ヶ瀬がダム湖に沈む前のバス停は、もっと谷底にあったので、今の方が登山アルバイトは楽になった勘定だ。特筆すべきは、バス停の広場がそのまま登山口であること。まさにその名に掛け値なし、ここまでダイレクトなバス停&登山口のペアは全国的にもレアな存在ではないか。

📍

【往路】本厚木駅（小田急電鉄）【神奈中バス宮ヶ瀬行き40分、毎時1本弱】仏果山登山口

【復路】愛川ふれあいの村野外センター前、または原臼【神奈中バス厚木バスセンター行き45分、毎時1本】本厚木駅

※神奈中バス厚木営業所 ☎046-241-2626

★車利用の場合
大棚沢広場の駐車場から仏果山を往復する登山者は多い。ただし、ここの駐車場は8:00～17:00以外は閉鎖され利用できない。

あいかわ公園

愛川大橋

愛川ふれあいの村野外センターバス停

愛川ふれあいの村

原臼バス停

▼0:20

▼0:25

仏果山登山口

カフェ仏果堂

鉄塔のところで、東寄りに巻く

首都圏自然歩道

1:15

0:55

705

中間部に休憩に格好のベンチテーブルがある

宮ヶ瀬越

0:20

仏果山 747

展望塔からは360度の大展望

0:45

0:25

1:00

最高地点は山頂の分岐から稜線を少し進んだところにある

仏果山登山口バス停

大棚沢広場

0　　　300m

N

経ヶ岳
きょう

休憩コーナー豊富な修験の山へ

経ヶ岳　●標高 633 m
かながわ百名山

⛰	軽ハイク級
🕐	2時間45分
📅	9〜6月　ヒル用心

展望★★　自然★★　＋α★

丹沢山地の東の前衛に仏果山を盟主とした小山地が連なっている。経ヶ岳は山地のナンバーツーで、里からダイレクトに取り付けるだけあって、古来修験の場を提供してきた。メリハリの利いた山歩きを短時間で。

土 山峠バス停から少し戻ると登山口がある。山地を横切りにしたラインを登るだけあって、階段が連続するきつい登りが続く。葉のない時期なら、前方の樹間から宮ヶ瀬湖の青い湖水が鮮やかだ。林相もよく、登るにつれ落葉樹が主体となり、一部にはブナの樹も見られる。木製のベンチやテーブルが多いのも本コースの特徴で、下山地点まで相当数の休憩ポイントがあるから、無理して地べたに座らずとも、少し頑張ればベンチポイントまで達するだろう。

山地の尾根のラインまで上がると、仏果山方面への道を分け、縦走路となる。一旦は半原越の車道まで下る。車道を見送ると再び急登の連続となる。かなり上がると、真っすぐで平坦なプロムナードのようなラインがあり、疲れをいやしてくれる。

やがて経ヶ岳の由来ともいうべき経石に至れば、わずかで待望の山頂に着く。東面が開け、大山から蛭ヶ岳に至る丹沢山地の大パノラマが広がる。おあつらえ向きのテーブル＆ベンチもあり、絶景をバックに歓談が弾む。山頂看板も格好良く、登り着いた喜びに満ちたピークといえるだろう。

山頂で縦走路を分け、北側山麓へと一気に下る。落葉樹と植林の入り混じるエリアで、相変わらずテーブル＆ベンチに恵まれている。時折り、広く下界の展望が開け、それがだんだん近づいてくることで残り時間を実感できよう。車道に出たら、振り返って今しがた登ってきた山々を見て、あらためて相州アルプスの風格を感じたい。

経石

弘法大師が経文を納めたというのが由来とされている。南面の少し高い位置に、ここに納めたであろう、いわくありげな穴が開いているのでご確認を。

相州アルプス

近年、宮ヶ瀬ダムに端を発し、仏果山を主峰として経ヶ岳や華厳山を連ねる小山地を相州アルプスと呼ぶようになってきた。丹沢本体とは一種独立の趣があり、山と山との間の落ち込みが大きく、巍々としたムードはアルプスを名乗るにふさわしい。山地の形成は、海底の地層が丹沢山塊の本州への衝突によって押し上げられてできたもの。これはヒマラヤ山地と一緒なのである。成因からすれば、むしろ相州ヒマラヤの名でもいいのかもしれない!?

三増峠と雨乞山へ

終点の半原バス停から、そのまま中津川方面へ歩き、相州アルプスの眺めがいい平山橋を渡れば、三増へのコース起点である田代バス停に着く。そのまま44コースにつなげば、所要6時間クラス、地図読み力も必要な歩き応えのあるプランとなる。

📍【往路】**本厚木駅**（小田急電鉄）【神奈中バス宮ヶ瀬行き 50分 1本/1時間】土山峠
【復路】**半僧坊**【神奈中バス厚木バスセンター行き 35分 3本/1時間】本厚木駅
※神奈中バス厚木営業所 ☎ 046-241-2626

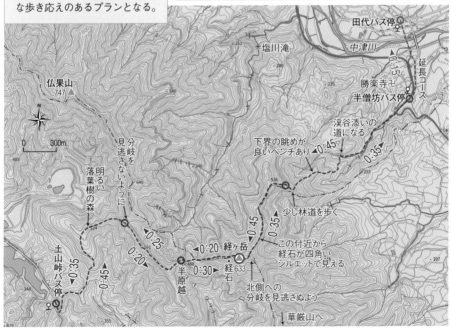

八菅山・鳶尾山
はすげ　とびお

修験の山から桜と測量の山へ

鳶尾山　●標高234m
かながわ百名山

🏔 軽ハイク級＋町の地図読み

🕐 2時間40分

📅 10～6月　ヒル用心

展望★★　自然★★　＋α★★

相模平野西端の第一列目に連なる小山地が鳶尾山と八菅山で、人里間近で人間臭さがある。八菅山は修験道の草分けであり、鳶尾山では日本最初の三角点測量が。ベストシーズンは桜、その時期を想定して紹介しよう。

バスを降りて歩き出す荻野の里、何本かの山の尾根に囲まれた風景はのどかそのもの。そのうちの東側の尾根へ、中津川カントリークラブの整然とした一本道を登っていく。尾根上に上がってしまえば、ほぼ平坦な幅広の林道になり気楽にたどれる。

やがて整備された公園に出ると八菅山の一角に入ったことになる。尾根上一帯にアスレチック設備が豊富なのは修験の現代版か。この山の総帥ともいうべき八菅神社へは階段を下る。うす暗く霊験あらたかなムード。さらに一直線の急階段を一気に下るのも修行の内だ。一方で修験は嫌という輩には、下らずに尾根上をワープするルート（どんぐりの小径）もある。

鳶尾山へは緩やかにうねる車道を登っていく。深い森の中で、八菅山付近とはムードも異なる。峠から山道が分かれ、上方が明るくなれば鳶尾山に着く。山上山腹に展開する満開の桜が実に見事。樹の切れ間からは広やかな関東平野の展望、さすがは日本最初の一等三角点（→110ページ）の山だけのことはある。ベンチもあるが、地べたに座って花見を満喫したい。

東側の広大な採石場が気になるが、尾根道はパステルトーンに包まれている。日清戦争記念碑のあるピークには巨大な展望鉄塔が立つが、周囲の樹が伸びて展望はいまいちか。なおも尾根を進む。ラストは正面に大山を見ながら急階段を下って、広大な鳶尾団地に出る。

春爛漫の鳶尾山山頂

こちら（下り坂）に
入り込まないように

屈曲点で尾根に出る

のんびりした
尾根上の幅広道

0:25

225.7

63

0:25

0:25

0:30

クラブハウス

中津川CC

展望台のある
山上公園

アスレチック
ガーデン

0:25

八菅神社

ゴルフ場の入口に「通行禁止」の
看板があるが、中央の一本道だけは
準公道扱いで歩行者は通行可能。
ただし他の道には一切入らないこと

207

ショートカット
コース
どんぐりの小径

0:30

90

0:35

0:30

上萩野バス停

137

ここから山道

鳶尾山

234.1

まつかげ台団地

東の関東平野が絶景

0:25

0:25

巨大な採石場

300m

N

【往路】 **本厚木駅**（小田急電鉄）【神奈中バス半原行き（厚
01: 野外センター前経由、厚 02: 田代経由）30 分　平日は毎時
3 本、土休日は毎時 2 本】上荻野
【復路】 **鳶尾団地**【神奈中バス厚木バスセンター行き 30 分
毎時約 3 本】本厚木駅

展望塔

0:20

0:25

急な階段

鳶尾団地
バス停

📝 八菅修験道

八菅神社は、703 年に修験道の開祖である役
小角（えんの・おづぬ）が日本武尊他を祀ることで開かれた。神
座にある菅の菰から八本の根が生え出たこと
が山名の由来である。以後は神仏習合の信仰
の聖地とされ、丹沢山地一帯に山伏が展開す
る修験道の一大拠点となった。

📝 鳶尾山の山名

山頂を示す「トン」に境界を示す「ビョウ（標）」が組まれたのが由来とされ、トンビョウサンと
も呼ばれる。鳶はそれへの当て字で、いずれにせよ鳥のトンビとは関係がない。ところが一見平凡
なこの低山が、周辺の地名その他に絶大な影響を及ぼした。南麓には「鳶尾」の地名が当てられ、
広大な鳶尾団地が展開、本厚木からのバスは鳶尾団地行き、公園や小学校名にまでなっている。

白山と七沢森林公園

宗教的霊跡から森の殿堂へ

白山　●標高 284 m
かながわ百名山

| 軽ハイク級 |
| 2時間20分 |
| 10〜6月　ヒル用心 |

展望★★　自然★★★　＋α★★

　縁結びのご利益で知られる飯山観音から、霊水のある白山、そして順礼峠へと、神仏混合の霊感ルートを歩く。そこから一転、多数の樹々と広場が配された、自然を堪能する現代風の公園で森林浴を満喫しよう。

　白山は、バス停すぐの赤い鳥居が登山口に当たる。桜の美しい飯山観音は長い階段の果てにあり、白山の３合目とみなしていいだろう。山頂へは女坂もあるが、男坂を登っていく。鎮守の森だけあって樹林は深い。山頂部は南北に長く、その北端に白山社のお堂、印象的な竜の像の下に涸れざる溜まり水（白山池）が。そのまま南端へ、一角が急に開け展望台があり、相模台地から相模湾にかけての大パノラマが広がる。

　この先はアップダウンの連続で結構アルバイトを要求される。貉坂峠（むじなざか）、物見峠など曰くありげなポイントが気休めになろう。進むに従い白山付近よりも自然林が多くなり、明るい森林浴ができるのは嬉しい。

　やがて七沢森林公園のエリアに入ると、道のグレードが上がる。一旦下り着けば順礼峠。宗教色とは裏腹に広やかで明るいムードが身上だ。この先は森林公園の核心部になるのでコース取りは自由だが、山好きな人にお勧めしたいのは「尾根のさんぽ道」。展望の良い見晴らし台がいくつかある他、森林公園だけあって樹相がいい。ただ、さんぽ道を標榜する割にはきついアップダウンが連続、歩き応えもなかなか。

　園内では「おおやま広場」は絶対に外せない。尾根上から階段を下って広場に出た瞬間、眼下に広大な草斜面、幾重かの山並みの背後に大山の堂々とした姿が神々しいほど。宗教＆森林ウオークをビッグフィナーレで飾ってくれるのである。

桜山経由で白山へ

バス停「尼寺(にんじ)」から入るが、町中は迷路の様でややこしい。対動物のゲートを過ぎれば標識も整う。谷と森の変化に富む登山道を登って桜山に着く。あまり展望は良くないが、森の自然美が好きな人向きだ。稜線上をひと歩きで白山に至る。長谷寺から桜山へのルートも整備されている。また、白山からそのまま長谷寺へ下るショートコースにするのもいいだろう。

白山と飯山観音

白山そのものは神社由来なのだが、当地で一般に有名なのは山の中腹にある長谷寺だ。坂東三十三観音の札所で、飯山観音の名で知られ、特に縁結びにご利益があることで古来人気のスポットになっている。

【往路】本厚木駅（小田急電鉄）【神奈中バス宮ヶ瀬、上飯山、上煤ヶ谷行き25分 毎時2本】飯山観音前
【復路】七沢温泉入口【神奈中バス厚木バスセンター行き30分 毎時1～2本】本厚木駅 ※馬場リハビリ入口バス停まで歩くと毎時2本 ※この他に伊勢原駅行きのバスもある
【復路】森の里小学校前【神奈中バス厚木バスセンター行き30分 毎時1本】本厚木駅または【神奈中バス愛甲石田駅行き25分 毎時1本】愛甲石田駅

鐘ヶ嶽・日向山
（かねがたけ）（ひなた）

一山そっくり宗教モニュメント

　鐘ヶ嶽は大山をミニサイズにしたようなシャープな
シルエットが自慢で、全山そっくり宗教モニュメントと
いった観がある。一旦下山の後、日向山まで足を延ばし、
宗教の名残と歴史の痕跡に存分に触れてみたい。

鐘ヶ嶽　●標高 561 m
かながわ百名山

🔺	軽ハイク級
🕐	2 時間 25 分〜3 時間 25 分
📅	10〜6 月　ヒル用心

展望★　自然★　＋α★★

　鐘ヶ嶽の表参道は延々と階段が続く。有名な高野山 町 石道のように 28 の丁石柱が立ち、歩行経過の良き目安となるほか、石像なども多い。参道を覆う樹林も見事で、杉、照葉樹、広葉樹が次々と展開、森林浴も存分に堪能できる。樹が切れる所は、展望の良いスポットになっている。
（こうやさんちょういしみち）

　山上の浅間神社から一登りで山頂に至る。スギ木立の中、小広いスペースの中央に数体の石像が佇むのみ、これまでの宗教色の華やかさからするとちょっと寂しげなムードが漂う。下りは反対側に取るが、一部に岩場や鎖があるので注意したい。山ノ神峠で急坂と緩い坂に分かれる。急坂は一部に足場の悪い所があり要注意。緩い坂の方が安全だが、車道に降りた後のトンネルが長くて暗いのが難。各自の経験や趣向で選択を。

　車道を下ると広沢寺温泉の集落に出る。ここで山歩きを終えてもいいが、余裕があれば半日基準オーバー気味ながら、日向山に向かおう。小さな神社脇から再び山道に入る。背後に鐘ヶ嶽の雄姿を見つつ、緩やかな登りが続き、見城と名の付いたピークに至る。その名の通り物見の兵が常駐して、近隣の七沢城などと拠点間の通信の任務についていた。中世の歴史の裏舞台ともいえる。そんな来歴通り、北側が開け下界がよく望まれる。
（こうたくじ）（みじょう）

　そのまま尾根通しに下り、再び登れば最後のピーク：日向山に着く。中央に石祠が立つのみだが、この山の真髄は南面中腹に建つ日向薬師にある。宗教＆歴史ハイクを厳かに締めくくってくれよう。

鐘ヶ嶽の表参道を登る

📝 日向薬師

まず本堂の構えの大きさに驚く。そして特徴的なのが屋根の葺き方で、ありきたりの瓦や銅板ではなく総茅葺ということだ。屋根に厚みが加わり、それでいて清々しい。奈良時代の開基で日本三薬師に位置づけられる由緒ある古刹である。山歩きと日常の健康を存分に祈願しておこう。

😊 クアハウス山小屋

ラストのバス停から徒歩25分ほど要するが、打ち上げに格好の施設である。浴室はこじんまりしているが気持ちよいお湯で、湯上がりにはレストランでメニューが豊富。一人1500円以上の利用料金（入浴＋食事）なら、帰りはバス停まで送致してくれる。

11:00～19:00（最終受付18:00）入浴は土・日・祭日・G.W.・お盆・正月のみの営業。10人以上なら前日までに予約すれば平日もOK。800円　TEL 0463-92-7750

【往路】**本厚木駅**（小田急電鉄）厚木バスセンター【神奈中バス七沢行き 30分　2本/1時間】広沢寺温泉入口

【復路】**鐘ヶ嶽のみの場合**：往路の逆。**日向山までの場合**：日向薬師【神奈中バス伊勢原駅北口行き 20分　2本/1時間】伊勢原駅（小田急）

※本厚木から広沢寺温泉行きのバスなら、往路で鐘ヶ嶽、復路で広沢寺温泉が最寄となるが、午前1本午後3本しかないので、事前に調べておくと良い。

※神奈中バス厚木営業所　☎ 046-241-2626

大山

江戸期と変わらぬ庶民レジャーの拠り所

●大山　標高 1252 m
かながわ百名山

🔺 軽ハイク級	
🕐 2時間40分〜3時間25分	
📅 3〜12月　ヒル用心	

展望★★★　自然★★　＋a★★★

　その姿といい置かれた位置といい、丹沢の別格本山と呼ぶにふさわしい。半日ハイクとして、山頂までの標高差が最も小さいヤビツ峠から登り、大山登山の王道ともいうべき表参道を下るルートを紹介しよう。

下界の広い範囲から、端正な二等辺三角形が目に焼き付く。極めつけのイケメンだから、古来盛んに登拝され、江戸時代には富士山と並んで講中登山が組まれ揺るぎない地位を築いてきた。その歴史からすると裏門のような存在のヤビツ峠だが、自然林豊かなイタツミ尾根を登っていく。表参道と合流する直前に見晴らしの良いスポットがあるので、一息入れよう。表丹沢の山々がボリュームと迫力を持って眺められる希少なスポットだ（→129ページ上の写真）。

　表参道と合流すると、とたんに人が増え、切れることのない行列が続く。鳥居をくぐって登り着いた山頂は、更なる人の多さに驚く。なんという人気の山か。平野に大きく張りだした立ち位置と高度からして、都心方面を眺める展望台として第一級だ。

　下りの表参道は古来のルートだから、さぞかし整備されていると思いきや、ゴロゴロした岩が露出して、段差も大きく、実に下りにくい道。ただ、伝統ルートだけあって、随所に名所があり案内看板を見るのが楽しい。要は楽しみながらゆっくり下るのが、踏破のコツなのだろう。

　下り着いてからも見所が多いのが、このコースの良さだ。豪壮な社殿はもとより、飲食店や土産物店の数々、江戸期の庶民と同様の娯楽が堪能できるのが、ここの売りといえる。ただし飲んでしまったら、この先の男坂は元より女坂ですら急なので、ケーブルカーを利用した方がいい。こればかりは江戸期の人の真似のできない特権だから。

渋沢丘陵から見る端正な大山

📝 大山のご来光

大山山頂はご来光のスポットとしても名高い。特に初日の出は数百名が山頂にひしめきあう。宝石を一面に敷き詰めたような夜間の光景や、明け方のご来光に至る間の、刻一刻の色合いと明度の変化には人智を超越したものを感じてしまう。古の人々も山頂で大いなる霊感に撃たれたはず。大山登山随一の魅力は、古来変わることはない。

📝 男坂と女坂

土産物や飲食店の並ぶこま参道から、阿夫利神社までケーブルカーがあるが、ハイカーならここは歩いて登りたいところ。通常、きつい道が男坂で、易しい道が女坂と相場が決まっているが、大山の両坂は1ランクずつ厳しい。女坂が他の男坂に匹敵し、男坂に至っては「激坂」としか表現しようがない。登りがきついのはまだしも、下りは不慣れな人には危険ですらある。

前頁のコースは時計回りだが、表参道の荒れ気味の道は下りが苦手な人には厳しいかもしれない。同じコースを反時計回りに歩けば、悪路が上りになるのでぐっと楽になる。ただ注意したいのは、ヤビツ峠からのバス便が少ないので事前に調べておくこと、そして下り着いての飲食やお土産の楽しみが期待できないことだ。

📍 **【往路】秦野駅**【神奈中バス 45 分】ヤビツ峠
※ヤビツ峠へのバス：土休日は朝4便・午後の秦野駅行きは4便、平日はそれぞれ1便のみ
※神奈中バス秦野営業所 ☎ 0463-81-1803
【復路】大山ケーブル【神奈中バス伊勢原駅北口行き 25 分、土休日は毎時 3 〜 4 本】伊勢原駅北口（小田急電鉄）

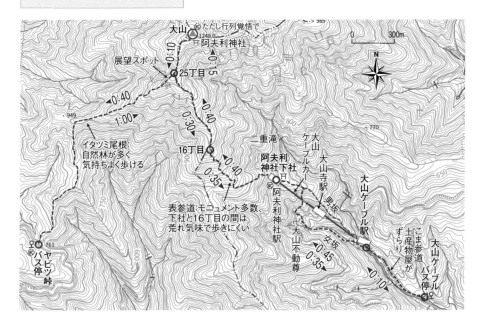

三ノ塔

大パノラマの待つ広大なピークへ

三ノ塔　●標高 1205 m
かながわ百名山

🏔	軽ハイク級
🕐	3 時間〜3 時間 40 分
📅	3 〜 12 月　ヒル用心

展望★★★　自然★★　＋α★

　表丹沢の中央に二つの三角形が並ぶ。二ノ塔そして三ノ塔である。ズバリ、展望の名峰だ。通常は表尾根縦走や大倉から長大な尾根を経て登られるが、ここでは半日行程で丹沢主脈の高峰に、コンパクトに登ってみよう。

　最短で三ノ塔を落とすのならヤビツ峠側からピストンすれば良いのだが、単純な往復ではなく、上り下りで変化を付けてみたい。少々値が張るが、人数がまとまれば秦野駅から菩提峠までタクシーを飛ばせば、体力と時間が節約できる。

　菩提峠からの登り道は、バイパス的でマイナー、主脈ルートよりぐっと人が少ないのがいい。途中、日本武尊足跡が看板と鳥居の奥にあるので、立ち寄っていこう。

　二ノ塔から派生する尾根上に至ると、一気に西側が開け、富士山の姿に感激する。ほどなく二ノ塔へ。そこそこの広さの山頂で眺めも良い。ここからメーンルートと合流するのでルートの整備度が上がる反面、登山シーズンともなれば夥しい人の群れと抜きつ抜かれつ、すれ違いつとなる。

　三ノ塔の山上台地の一角に出た途端、天井が抜けたような開放感に解き放たれる。周囲には丹沢、富士が悠然と佇む。下界も賑やか、町・里・海で満ち溢れる。山頂部は南北に長く 300 m 程もあり、南端部分が広場になっていて実に広大。人気の表尾根でも登山者の収容力は十二分。立派な休憩舎（非常時には避難場所にも）やトイレも整い、安心して寛げる。

　帰路はメーンルートを下る。人が多いのが難だが、山腹伝いであったサブルートに対し、尾根の高みの上なのでムードは随分と違う。丁寧な自然観察の案内看板も整い、上り下りで別の山を歩いている感覚だ。最後はヤビツ峠への登り車道を頑張ろう。

　三ノ塔山頂の休憩舎と富士山

🦶 ヤビツ峠から大山へ

往路にタクシーを利用しない場合は、ヤビツ峠から菩提峠まで40分ほどのプラス行程になる。また、ヤビツ峠に戻ってから時間と体力に余裕があれば、そのまま大山に向かうと良い（→52コース）。イタツミ尾根から登り、表参道と合流する直前の見晴らし台から振り返って見ると、今しがた登っていた二ノ塔・三ノ塔が手に取るようで感動ものだ。

📝 日本武尊足跡

日本武尊が東征の折りに、兵士が喉の渇きに苦しんでいたところ、尊が踏みつけた石が窪んで、こんこんと水が湧き出て救われたという伝説に因む。菩提峠の入口と山中の分岐に案内標識が立っているから、バイパスルートの主役はこの史跡なのかもしれない。注連縄が巻かれている御神体と思しき岩群の一角の石に、件の靴型の大きさの窪みがある。見つけにくいが、探し出せればご利益が？

📝 三ノ塔 名の由来

〇〇山といった類型的なネーミングではない。山麓の加羅古神社の縁起によると、明神様が三番目に燈を灯した山を三ノ塔と呼んだという。また、山麓の地名に因んで菩提山の別称もある。

📍 **【往路】** 秦野駅（小田急電鉄）（タクシー30分、約7000円） **菩提峠** ※神奈中タクシー☎ 0570-07-7030
【復路】 ヤビツ峠 【神奈中バス秦野駅行き45分】 **秦野駅**
※ヤビツ峠へのバス：土休日は朝4便・午後の秦野駅行きは4便、平日はそれぞれ1便のみ
※神奈中バス秦野営業所 ☎ 0463-81-1803
★車利用の場合は、菩提峠付近に停められる

弘法山・権現山

桜と展望のプロムナードコース

権現山　●標高 243 m
かながわ百名山

🏔	軽ハイク級
🕐	2 時間 25 分
📷	10 〜 6 月　ヒル用心

展望 ★★★　自然 ★★　+a ★★

相模平野と秦野盆地を区切る長大な大山南尾根の末端に、魅力的な低山が一群の山地をなしている。街近接で自然豊かなプロムナードコースを気楽にたどってみよう。この山の旬であるお花見シーズン想定で紹介したい。

鶴 巻温泉駅からの町中は、親切過ぎるくらい道標が完備しているので、間違いなく登山口まで導かれる。道標整備度は山中も同様。このコースは植林帯がごく少なく、終始気持ちよい自然林で森林浴ができるのは大いなる魅力だろう。

最初の吾妻山山頂はきちんと整備され休憩に絶好。湘南平や江の島など、湘南方面の眺めがいい。以後は、きつくないアップダウンが続く。鼻歌まじりに歩けてしまえるのもお気楽でうれしい。やがて大山南尾根に合流すると「野菊と信仰の道」、その名の通り草本類豊富な優しいムードの路が続く。

前方が騒がしくなってくると弘法山は近い。さすが弘法大師ゆかりの山だけあって、数々の宗教的モニュメントが適度な間隔で配され、子供を含む多くの善男善女で賑わう。ここから権現山までは、桜を眺めつつ大勢がそぞろ歩く。ハイライトが権現山だ。何台ものキッチンカー、遊戯ブース、まさにお祭り会場。そして凝った造形の展望台は見逃せない。突き出た尾根の先端に位置するだけあって、山から町に至る広大無辺のパノラマが広がる。

秦野駅方面への下山路はこれまでと一変、段差の大きい階段の急降下になる。ほろ酔いの場合は、車道経由で下った方がいいだろう。町に下りたら、駅へは水無川の河川敷をたどることを勧めたい。正面に丹沢の表尾根、振り返れば権現山、酔い覚ましは清々しい風に吹かれながら。

お祭り色満載、桜の権現山山頂

権現山展望台から

緑の低山に縁どられる秦野方面、底の平地を家々が埋めていて「盆地」の見本の様な光景だ。また、電車から山が良く見えたことの裏返しで、走っている小田急電車が鉄道模型を見ているようで楽しい。背後には箱根から足柄の山々、そして富士山が佇む。街と自然が混然となって重畳的なパノラマになっている。さらに見事なのが北側、颯爽とした姿を見せる大山だ。桜やモミジの樹々の背後に鎮座する様は、一幅の名画を見るかのよう。眼下の広場で憩う楽しげな人々の姿も眺めの構成要素といえよう。(前ページ写真)

弘法の里湯

コース逆回りで利用できる。月曜休み、10:00 ～ 21:00、土休日は 2 時間で 1000 円露天、土産、食事処、足湯が揃う。☎ 0463-69-2641

弘法山の旬はなんといっても桜の花見シーズンだが、混雑必至なので早めの行動がお勧めだ。花見混雑のピークはお昼前後だから、10 時くらいに権現山山頂に至れば、比較的ゆっくり腰を落ち着ける可能性が高いのでは？また、弘法山側にも丹沢表尾根を正面に花見の出来る斜面があるので、山好きの人はそちらの方がいいかもしれない。なお、山頂タイムが早目の場合、下り時に夥しい花見本番客が登ってくるのにぶつかるのを覚悟の上で（特に秦野駅側）。その点では逆コースにするのも一考だ。権現山到着が少し早くなる点もメリット。なお、見ごろは下界よりやや早めか。

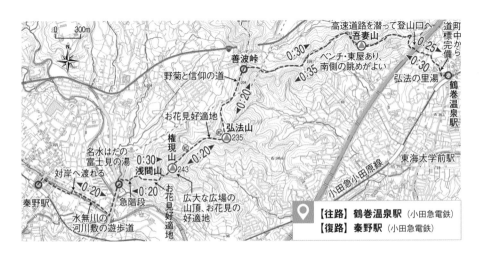

【往路】鶴巻温泉駅（小田急電鉄）
【復路】秦野駅（小田急電鉄）

渋沢丘陵

里山風景続く尾根をのんびりウオーク

頭高山　●標高 303 m
かながわ百名山

▲	ウオーキング級＋町の地図読み
🕐	3 時間 20 分
📅	10 ～ 6 月　ヒル用心

展望★★★　自然★★　＋α★★

　丹沢表尾根に並行して伸びるのどかなコースが渋沢丘陵である。通しで歩くと 3 時間を超えるが、2 時間程の 2 本分のコースにもなる。町の道と尾根の道、特色あるポイントを見極めつつ、マイコースの選択を。

桜 咲く季節であれば、秦野駅近くの今泉親水公園は絶対に外せない。水面にのしかかる桜と周囲の花々や草木とのコラボは、どこを切り取っても一幅の名画になる。町中は道が錯綜しているが、要所要所に控えめな道標があるので、各分岐で注意していれば無理なく丘陵へと導かれる。

　丘陵へのゆったりした登り道に入ると、ぐんぐんと展望が競り上がってくる。眼下の畑や遠い町並みを前景に、丹沢表尾根が堂々と横たわる姿は、日本の山岳風景の中でも屈指といっていいだろう。一旦、丘陵の南側へ、関東大震災で誕生した震生湖に下る。看板のある表口は平凡な風情だが、池畔遊歩道を奥に進むにつれ、自然豊かでこじんまりしたムードに包まれる。

　以後は尾根上を延々と辿る。車道が主だが、畑あり森ありののどかな里山風景が連続する中を、ゆったりそぞろ歩けるのが、この丘陵の最大の魅力、平凡の美をしみじみ感じることができよう。

　余裕があれば丘陵最高峰である八国見山に立ち寄るとよい。樹林の間の富士山が素晴らしい（→ 14 ページ写真）。やがて尾根道は八重桜の里に入る。ソメイヨシノより 10 日から 2 週間遅れが目安。休憩に絶好の広い草斜面があり、長期の花見が楽しめる。頭高山は外観通り緩やかで広い山頂、眺めは箱根方面に限られるが休憩に良い。ラストの渋沢駅まで大半は車道だが、季節なら八重桜の見所が多いし、表丹沢も時々視界に留まり、飽きることはないだろう。

渋沢丘陵東部から眺める丹沢表尾根

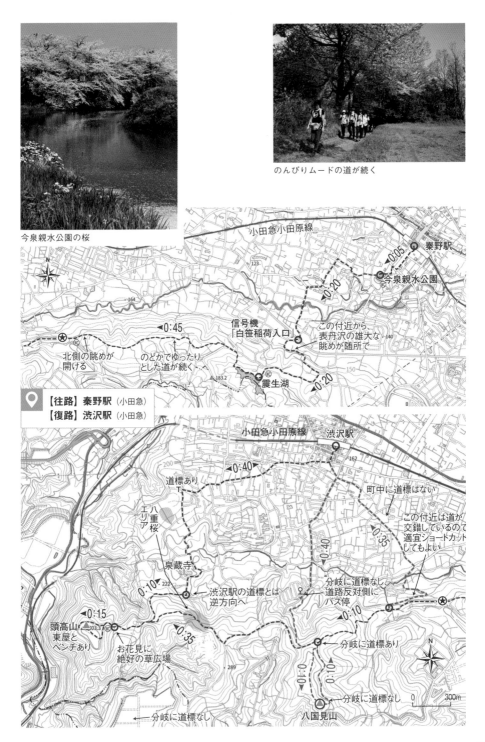

今泉親水公園の桜

のんびりムードの道が続く

【往路】秦野駅（小田急）
【復路】渋沢駅（小田急）

小田急小田原線
秦野駅
◀0:05
今泉親水公園
◀0:20
この付近から、表丹沢の雄大な眺めが随所で
信号機「白笹稲荷入口」
▶0:45
北側の眺めが開ける
のどかでゆったりとした道が続く
◀0:20
震生湖

小田急小田原線
渋沢駅
◀0:40
道標あり
T
町中に道標はない
この付近は道が交錯しているので適宜ショートカットしてもよい
◀0:35
八重桜エリア
泉蔵寺
◀0:10
渋沢駅の道標とは逆方向へ
分岐に道標なし、道路反対側にバス停
◀0:40
◀0:15
頭高山東屋とベンチあり
お花見に絶好の草広場
◀0:35
◀0:10
分岐に道標あり
◀0:10
◀0:10
八国見山
分岐に道標なし
分岐に道標なし

0　　　300m

櫟山と土佐原の里
（くぬぎ）

多様な森風景から桃源郷へ

櫟山　●標高 810 m
かながわ百名山

🏔 軽ハイク級

🕐 2時間 30分

📅 10〜6月　ヒル用心

展望★　自然★★　＋α★★

櫟山は、人気の鍋割山登山の途上で踏まれる機会が多いが、この山だけを目標としても十分に満足できる。樹相の良い表丹沢県民の森から山を越え、最後は桃源郷のような里風景に触れてみよう。

林道歩きが長いので、タクシー利用が合理的、いや必須といえる。ゲート前から大半のハイカーが鍋割山に向かう中、直登で櫟山を目指す。一帯は表丹沢県民の森だけあって樹相が美しく、植林帯のエリアすら適度なまとまりがあって鑑賞に堪える。道は複数が錯綜しているから、余裕があれば寄り道しながら登るのもいい。

櫟山山頂は、萱原を前面に湘南方面を展望する広場、樹齢を重ねたモミジなどの豊かな森、灌木のヤブの一帯、それらが混然となった変化に富むムードがいい。ここからの下りは植林帯が主で、鍋割山に向かうハイカーとすれ違うようになる。

森を抜け茶畑に出ると、不意にこれまでとは全く違う景色が展開する。本コースのもう一つの目玉：土佐原の里山風景だ。すり鉢状の斜面に茶畑、林、民家など里山のパーツが小気味よく配され、丼ぶりの中の様な小世界を構成している。柿の実が蒼天に映える晩秋も良いが、春の花と芽吹きの情景がとりわけ素晴らしい。3月末がピークで里のシンボル：しだれ桜の巨木に始まり、斜面や道端を濃淡様々な桜が彩る光景は桃源郷そのものだ。

車道が尾根を乗り越す所が展望所になっていて、寄エリアの谷風景やバックの山々の眺めがいっぺんに広がる。この先は宇津茂の里になり茶畑が広がるが、ポイントは厳冬期の蝋梅だ。シーズンなら観光客も多いが見逃す手はない。冬の花見で締めくくろう。

桃源郷チックな土佐原の里

📝 松田町 寄 ロウバイ園

松田町寄ロウバイ園の敷地面積は13000㎡、約2万本以上のロウバイが植えられ、日本最大級ともいう。ロウバイ祭りの開催期間は1月中旬から2月中旬くらい、入場は9:00〜16:00、入園料は大人¥500

ロウバイの花：花弁の蝋のような透明感と上品な香りが身上だ

📝 櫟

薪炭燃料材として全国的によく栽培されていたせいか、幾種もの漢字表記が存在。「椚」が最も一般的なようだが、「橡」「功刀」と書く例も。ここの山名となった「櫟」の字は、常緑針葉樹のイチイでも同じ漢字を使っている。

順コースで最初に県民の森に触れ、山頂でゆっくり寛げば、最後に土佐原集落を見下ろす展望地に出た時のサプライズ感が堪らない。タクシー呼び出しの難もあるので、逆コースはあまりお勧めしない。

📍 【往路】渋沢駅（小田急電鉄）【タクシー30分】表丹沢県民の森：二股林道ゲート（鍋割山登山口）※秦野交通（株）☎ 0120-81-6766
【復路】寄【富士急湘南バス新松田駅行き25分　平日は1本/1時間だが、土休日は1日8本】新松田駅（小田急電鉄）または松田駅（JR 御殿場線）※富士急湘南バス ☎ 0465-82-1361

広やかで明るいムードの櫟山山頂

シダンゴ山

気になる山名とドンデン返しの山頂

シダンゴ山　●標高758 m
かながわ百名山

▲▲	軽ハイク級
🕐	2時間35分
📅	10〜6月　ヒル用心

展望★★　自然★　＋α★

何よりもまず、名前の由来が気になってしまう。山姿はさほど格好いいものではない。にもかかわらずハイカーに人気があるのは、山名に惹かれるせいもあろうが、実は山頂でサプライズが待っている。

プロローグは大寺橋。かながわの橋百選でもあり、欄干を鳴らすと「お馬の親子」のメロディーが。回遊ルートなので、時計回りに登ってみる。いざ登り始めても、外見同様、結構地味な山であることを実感させられる。植生のバラエティーに乏しいスギ林の中をひたすら登るのみ。せっかくだから、コース中もう一つのネームである宮地山にも立ち寄ってみるが、スギに囲まれ展望は皆無。

風采あがらぬ外観、単調な登山道、これでは山頂にも期待を持てない人が大半だろう。ところが登り着いた瞬間にどんでん返し、開ける大観はサプライズそのもの。遠く大山から続く丹沢表尾根がズラリ、背後には蛭ヶ岳や富士山など、肝心な山がちゃんと顔をのぞかせている。正面には相模平野、わけても相模湾のカーブの中に、江の島のひと塊がきちんと納まっている様がなんとも小気味いい。

さらに春の一時期（桜の開花頃）なら、山頂一帯に繁茂するアセビの樹が満開の花をつける。クリーム色の壁にぐるり取り巻かれているような感覚に浸れよう。広やかな山頂で、目の高さのお花見が満喫できるわけだ。これならばハイカー人気の高さに納得がいく。特異な山名に留まらない。山頂に魅力が凝縮されている山なのである。

下り道も基本はスギ林の中だが、下草の花や、ちょっとした広場やトイレなどあって多少変化に富む。エピローグがまた大寺橋。橋に始まり橋に終わるのも一興だ。

📝 アセビ

ツツジ科の常緑低木で高さは2〜4
mほどだが、横方向によく枝を広げ
る。漢字で書くと馬酔木。葉などに
有毒成分があり、馬が食べてしまう
と中毒症状で酔っ払ってしまうよう
に見えることから、この漢字が当て
られた。

👣 プラスコース

下山後にもうひと歩きするのなら、反対側の山斜面の車道
を登ってみよう。1月〜2月くらいならロウバイ目当てで、
桜のシーズンなら土佐原まで、それぞれ足を延ばすと良い。
(→135ページ地図)

📍 **【往路】新松田駅**（小田急電鉄）または**松田駅**（JR御殿場線）【富
士急湘南バス寄行き25分　平日は1本/1時間だが、土休日は1日
8本】寄
【復路】寄【富士急湘南バス新松田駅行き25分】新松田駅または松
田駅　※富士急湘南バス ☎ 0465-82-1361

📝 シダンゴ山について

「シダンゴ」漢字で書くと
「震旦郷」。仏教を唱えた仙人
が居住したとされる山だ。そ
の人を、梵語で羅漢を意味す
るシダゴンと呼び、読みが転
じてシダンゴになった。登山
拠点である寄集落の神社の元
宮に当たり、山頂に祠がある。
山頂には山名由来を書い
た立派な石板があるので、是
非一読を。

眺めのよい
広いピーク
シダンゴ山
△757.9

・519
←1:20
1:00→

寄自然休養村
管理センター:
地場の野菜など
を売っている

・434

一旦、林道を歩く

寄バス停
大寺橋

0:55
0:45

0:40
0:30
茶畑の斜面

588
植林帯が続く

弥勒寺
卍

宮地山
展望はない

・259

N
0　300m

137

大野山

大パノラマの待つ広大なピークへ

大野山　●標高 723 m
かながわ百名山

| ▲ 軽ハイク級 |
| 🕐 3時間30分 |
| 📅 10〜6月　ヒル用心 |

展望★★★　自然★　+α★★★

遠目に見て標高の割に分かり易いのは、山頂一帯が樹が刈り払われた牧草地になっていてよく目立つためだ。そのお陰で展望が素晴らしい。標識、木像、その他のポイントが随所にあって、全コースで飽きることがない。

文 字通りの谷底にある無人の谷峨駅（やが）からスタート。見上げれば特徴ある大野山の姿が。下山までの全コースに、標識が丁寧過ぎるくらい設置されているので、注意していれば迷うことはないだろう。途中、鹿避け柵の扉の開閉が何か所もあるのは面倒だが、数々の木彫動物や品数豊富な無人売店などもあって、楽しい上り道が続く。

樹林が切れ一面萱（かやと）のエリアになると、一気に展望が開ける。道はジグザグに付いており、急角度を曲る度に、富士山はじめ箱根や相模湾などの光景が切り替わって目に入り、実に豪快だ。傾斜が緩めば山頂一帯、これまでとは反対側に丹沢山地の全山や、箱庭のような丹沢湖と三保ダムの展望が開け、声を上げたくなるほど。

ベンチの多い山頂で存分に休んだら、緩い車道を下る。前方にもう一山、山地酪農の行われている「薫る野牧場」が見え、のんびり寛ぐジャージー牛の姿に癒される。急階段を下ると幅の狭い路になるが、滑れば一気に谷底、路肩も悪いので雨の日などは牧場の手前から林道を下った方が良い。

水子地蔵の社を過ぎると林道へ、ほどなく小学校のあった集落に出る。この先も数々の動物木像や謎めいた丹沢クリステルの像などあって楽しい歩きが続く。下り着いた山北周辺は特色あるカフェや飲食店が多く選択に迷うほど。ハイキング終了後まで楽しみの多いのが、大野山ハイクの醍醐味といっていいだろう。

📝 丹沢クリステルと丹沢キャサリン

渋沢の大倉尾根の入り口で乗馬クラブの看板として長年親しまれていたが、同クラブが閉鎖されてしばらく、つい先年当地に転居してきたもの。服装などリニューアルされ美しい姿でハイカーの目を楽しませてくれている。

📝 薫る野牧場と山地酪農

文字通りの山上で放牧する酪農であるが、牧草ではなく自生する野シバ等によって自然のままに牛を育てる。牛の乳は安全で美味しく、野シバは山地の保護にも役立つ。これからの酪農の在り方を示唆している。ここで生産された牛乳は山北の露木勝兵ヱ商店で販売、ソフトクリームは「さくらカフェ」で食べられる。（→65ページ）

本コースは本書所定の3時間をオーバーするが、山北駅から旧共和小学校までタクシーで上がれば所要3時間を切る。もっとも牧場付近まで車で上がれるので、雨で滑りやすい日などは横着してしまっても良いかもしれない。

逆コースの場合、滑りやすい地蔵岩コースを上りに取れるのはメリット。また、大野山南面が下りになるので展望豪華なジグザグ道をより気分良く歩こう。ただ、下山時間を御殿場線の時間に合わせること、山北駅周辺のお楽しみが一旦下車する必要があるのは面倒だ。

📍 **【往路】谷峨駅**（JR御殿場線）　※スイカやPASMOを使わず、切符で乗車しておいた方が良い。
【復路】山北駅（JR御殿場線）　※改札が無人の時は、TOIKA以外はそのまま入場して、下車駅で「山北から乗車」と申告して精算する。

あまりおすすめしない
大野山
732.8
冬期使用不可
薫る野牧場
★地蔵岩コース　この付近、路肩悪く通行に注意。特に降雨時や直後は危険
大野山乳牛育成牧場
眺望豪快なジグザグ道
0:50
1:10
1:20
鍛治屋敷
水子地蔵
ジャムなどの無人販売コーナー
休憩所
いったん車道を歩く
★深沢林道コース　雨で滑りやすい日はこちらの方が無難
つぶらの公園
0:25
ここから山道
0:20
谷峨駅
きれい
旧共和小学校
タクシーでここまで来られる
丹沢クリステルとキャサリンの像
0:15
0:20
皆瀬川
387.3
「カフェリーフス」外観も内装もメニューも大野山帰りにぴったりのムード
0:40
0:40
JR御殿場線
瀬戸トンネル
山北駅
225.0
※駅周辺の詳細は65ページ地図を

0 300m
N

139

ミツバ岳

ミツマタの花咲き乱れる山頂へ

世附権現山　●標高 1018 m
かながわ百名山

▲▲	軽ハイク級
🕐	2時間55分
📅	3月下旬～4月上旬

展望★　自然★★　＋α★

　季節限定の山だ。丹沢山地では随所にミツマタが見られるが、山頂でまとまっているのがミツバ岳である。普段は訪れる人も稀な渋い山が、ミツマタが花盛りとなる3月下旬頃だけはハイカーで賑わう。

　ミツマタといえば、楮・三椏で知られる和紙の原料となる樹であるが、花に独特の美しさがあることは意外に知られていない。クリーム色と黄色の小さな花弁が一塊を成し、それが無数にまとまって、葉の無い樹を桜の様に彩り、冬枯れしたモノトーンの背景に鮮やかに際立つ。

　丹沢湖畔でバスを降りたらトンネルをくぐり西へと向かう。登山口まで35分ほど車道歩きとなるが、これが意外と悪くない。一部は歩道が整備されており、歩道がない所も車の通行が少ないので気持ちよく歩くことができる。山は高く谷は深い。きらめく湖水を眼下に見ながら、のんびり進もう。

　滝壺橋を渡ってすぐの所がミツバ岳への登山口になっている。ミツバ岳までは比較的歩きやすいが、厚い落ち葉で不明瞭な箇所もある。ただ開花期なら多くの人が歩いているのでそれなりに安心だ。登るにつれ植林の樹下にチラホラと花が現れ、山頂に着くや見事な群落がハイカーを迎えてくれる。背景が濃緑のスギ林なので明るい花々は余計に映えるし、さらに背後には白雪を頂く霊峰富士。季節限定の人気もむべなるかなだ。せっかくだから起伏の緩い山頂周辺を少し巡り歩いてみよう。丹沢湖の見えるポイントもあり、前景のミツマタの花とのコラボがまたいい。

　山頂で存分に花見を終えたら往路を戻る。再び長い車道歩きが待っているが、ただ一種の花への憧れを成し遂げた喜びで、苦痛に思うことはないだろう。

ミツマタ

どの枝も三叉で分かれていることからの命名。樹皮は繊維質が強く、和紙の原料、特に日本の紙幣の原料として重要である。中国が原産で紙の原料として戦国時代に輸入・栽培されるようになった。それが年月を経て次第に野生化して、山麓や植林地などに群生し我々の目を楽しませてくれている。丹沢山地でも山上や山麓の随所で見られるが、鹿の食害に比較的強いことも、生育を広げている要因かもしれない。

世附権現山　※山の地図読み級

山慣れた人なら東側に連なる権現山（西丹沢のもう一つの権現山と区別するために「世附権現山」と呼ばれている）まで足を伸ばすと良い。特に道標もなくルートは不明瞭だが、要所でスギの樹下にミツマタがまとまり目を楽しませてくれる。やがて、ブナなどの自然林となり広やかなピークへ。山頂は二段に構成されすっきりした展望は利かないが、葉を落としたブナの樹林越しに丹沢中央の山々のシルエットが望まれる。

　下山は通常なら北の尾根へと下り、二本杉峠から細川橋へのルートを取るが、ヤブ山をこなせる人ならダイレクトに丹沢湖へ下る南東尾根を勧めたい。要所で正面に丹沢湖の湖水を見ながら、豪快な下りが楽しめる。急斜面が多いので転落に注意するほか、いくつか派生している支尾根に迷い込まないようにしよう。

【往路】 新松田駅（小田急電鉄）または松田駅（JR御殿場線）【富士急行バス西丹沢ビジターセンター行き50分、午前午後とも4本、昼前後はなし】浅瀬入口
※山北駅からタクシー30分で滝壷橋
【復路】 浅瀬入口【バス新松田駅行き35分】山北駅
※マイカー利用の場合　東名高速大井松田ICから約24km。滝壷橋手前に駐車スペースあり
★問い合わせ先
西丹沢ビジターセンター（登山道の状況など）
☎ 0465-78-3940

世附権現山 1018

このコースは地図の読める上級者向け

余裕があれば、山頂からこの付近まで往復するとよい

ミツバ岳 834　緩い起伏のある広い山頂一帯

主に植林帯の道、歩きやすい

滝壷橋

落合隧道

浅瀬入口バス停

世附大橋

中川橋

大仏大橋

神尾田

丹沢湖

三俣ダム

0 300m

N

本棚と下棚

西丹沢の奥深き名瀑 2 本

近場の低山は暑くてかなわない、という季節に、丹沢の奥深くへ涼を求めて滝めぐりは如何だろう。とっておきの名瀑が 2 本。通常は畦ヶ丸登山の途上で立ち寄られるが、半日プランで滝だけを目当てにするのも粋なものだ。

下棚
（落差 40 m）

▲	軽ハイク級
🕐	2 時間 30 分
🗓	3 〜 11 月
展望	自然 ★★　＋α ★

バスの終点が即、登山口である。まずは本流に架かる立派な吊り橋を渡る。橋上から川と山の景色が豪快、河原には多数のキャンパーが群れている。山という異世界への入口でもあり、気分が盛り上がる。豪快に水を落す堰堤や清流を跨ぐ板の架橋を次々とクリアしていく。時に水面を吹き抜けてくる風が、極上の涼感を肌に感じさせてくれる。

そろそろ休憩したくなる頃、格好の広場がありテーブルもある。この先、滝への分岐が近いので、曲がるポイントを見逃さないようにしたい。まずは奥に位置する本棚（棚は滝の意）へ。落差は実に 60 m、水量も多くその豪快さには息をのむ。ただ滝壺まで行くには岩を跳び移る運動神経か、膝上まで濡れる覚悟が必要だ。

少し戻って分岐を入って、長めに歩けば下棚。落差は 40 m ほどだが、こちらは滝壺の周辺が広場状になっていて、ゆったりと寛ぎながら滝鑑賞ができる。お弁当を広げしっかり涼を感じてみよう。

帰路は川沿いを下っていく。バスの待ち時間は西丹沢ビジターセンターの展示物や、建物脇にある丹沢岩石の展示コーナーを見学していくと良い。

豪快極まる落差 60 m の本棚

📝 山北町立中川温泉ぶなの湯

真夏の山歩きなら下山後の温泉は必須。西丹沢で人気の日帰り温泉がここ。単純アルカリ性泉で内湯と露天風呂がある。人気故に入場が時間待ちとなることも。2階の休憩室で食べ物・飲み物（アルコール可）の持込みOK。バスなら「中川」で下車。

月曜定休（祝祭日の場合は翌日）、10:00～18:00、2時間750円　TEL 0465-78-3090

← 降雨時はもちろん、まとまった雨の降った後しばらくは、川が増水していて普段なら何でもない所が通行困難となり、水が相手だけに非常に危険な状態となる。現場の判断によって、決して無理はしないこと。事前に現地の状況を問い合わせておくのがベスト。

※問い合わせ先:西丹沢ビジターセンター☎0465-78-3940

📍 【往路】 新松田駅（小田急電鉄）または松田駅（JR御殿場線）【富士急湘南バス西丹沢ビジターセンター行き70分】 西丹沢ビジターセンター　※富士急湘南バス ☎0465-82-1361

【復路】 西丹沢ビジターセンター【富士急湘南バス新松田駅行き70分】新松田駅または松田駅※午前午後とも4便あるが、昼前後の4時間ほどが空白になるので、往路のバスタイム、現地の所要時間、復路のバスタイムを睨みつつ計画を立てたい。

※往復プランなので車に向く。西丹沢ビジターセンター付近に駐車場があるが、オンシーズンは早めに行かないと満車の可能性あり。

畔ヶ丸へ

沢を離れ斜面を登るようになったら間違えた証拠、引き返すこと

本棚

分岐を見逃さぬよう

・911

0:25

0:20

・819

ベンチのある休憩スポット

下棚 0:10

0:50

西沢 0:45

木製の簡易な橋を何度も渡る

西丹沢ビジターセンター

眺めのよい吊り橋

丹沢山塊の岩石の野外展示コーナー

西丹沢ビジターセンターバス停

200m

N

権現山
▲1138

・967

・708

三国山・鉄砲木ノ頭

富士山と山中湖の大展望

鉄砲木ノ頭（左）
●標高 1291 m　かながわ百名山
三国山（右）
●標高 1320 m　かながわ百名山

🔺 軽ハイク級

🕐 3時間5分～3時間50分

📅 3～12月

展望★★★　自然★★★　＋α★

　神奈川県の西の端に気になる三つの山が連なっている。交通不便なせいもあって登山者の影は薄いものの、どれもが「技あり」の個性を備えた山だ。半日基準なら2山でも充実、なお余裕があれば3山を狙いたい。

　節運行の登山バスを降り、しばらくは車道間近の尾根歩きとなる。トップの三国山は、神奈川・静岡・山梨の三県境に位置する全国的にも希少な山だ。突出したピークの一点ではなく、緩やかな尾根上の肩に相当するポイントで、ブナなどに覆われ自然豊かな落ち着いたムードがある。木の葉越しに富士山のシルエットも望まれ、休憩にはもってこいの安らぎの山といえよう。

　三国山から一旦は三国峠に下る。ここは車道が越えていて駐車場もあり、車利用ならここから両山をピストンするのもいい。後は緩やかに登っていく。2山目の鉄砲木ノ頭（明神山）は、三国山とは対照的に、森を外れススキなどの草原状の環境になる。山頂からの展望は実に広大だ。この上なく

大きな富士山、手前に少しずれて山中湖。富士樹海の横には御坂山地、正面遠くには南アルプスが連なる。幅のある、野放図で伸びやかな景観に圧倒される。

　この先は緩やかな森のプロムナードとなり、切通峠から下れば3時間基準に収まるが、余裕があればもう一山、高指山を目指すと良い。こちらは山頂だけ森を抜けていて、やはり富士山の眺めがいいが、山中湖と縦一線に並んでいるところが先ほどと違う。よくまとまった絵画的な構図になっている。ラストに富士岬平のピークを越える。

　下山ルートはいずれも、別荘地あり、テニスコートありのレジャーの殿堂だ。背後に並ぶ、本日辿った三山を振り返りつつ、その違い・個性に思いを馳せてみよう。

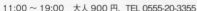

山中湖平野温泉「石割の湯」

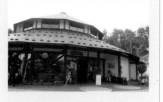

泉質はアルカリ度が強いが、マイルドさが売り。２種の露天風呂と内湯あり。軽食堂を兼ねた広い休憩室の他、地産野菜や果物を中心に売店も充実。定休は毎週木曜日(祝日は除く)。ゴールデンウィーク、7・８月、年末年始は無休。

11:00 ~ 19:00　大人 900 円、TEL 0555-20-3355

車に注意!
右側通行がよい
0:25
湖に向かう
急坂を下る
富士岬平
別荘地
大堀川
0:20
石割の湯
0:15
高指山
1174
富士山と山中湖の
縦構図が見事
0:15
0:30
0:45
平野バス停
山中湖
切通峠
このとおりに
下ること
緩やかな
疎林の
プロムナード
富士山と山中湖の
展望が圧倒的
0:40
鉄砲木ノ頭
0:20
神奈川県の
最西端
三国峠
0:15
タクシー利用の
場合はここから
三国山
0:35
0:30
バス運行日のみ
明神峠バス停
ブナに覆われた
緩やかな山頂
0
300m

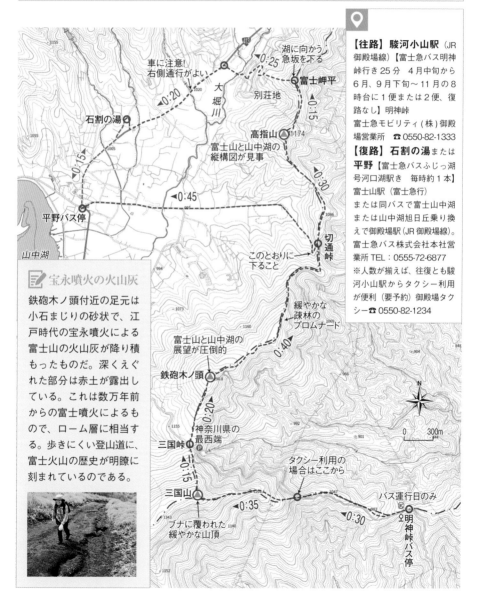

【往路】**駿河小山駅**（JR 御殿場線）【富士急バス明神峠行き 25 分　4 月中旬から 6 月、9 月下旬～ 11 月の 8 時台に 1 便または 2 便、復路なし】明神峠

富士急モビリティ (株) 御殿場営業所　☎ 0550-82-1333

【復路】**石割の湯**または**平野**【富士急バスふじっ湖号河口湖駅き　毎時約 1 本】富士山駅（富士急行）または同バスで富士山中湖または山中湖旭日丘乗り換えで御殿場駅（JR 御殿場線）。富士急バス株式会社本社営業所 TEL：0555-72-6877

※人数が揃えば、往復とも駿河小山駅からタクシー利用が便利（要予約）御殿場タクシー☎ 0550-82-1234

宝永噴火の火山灰

鉄砲木ノ頭付近の足元は小石まじりの砂状で、江戸時代の宝永噴火による富士山の火山灰が降り積もったものだ。深くえぐれた部分は赤土が露出している。これは数万年前からの富士噴火によるもので、ローム層に相当する。歩きにくい登山道に、富士火山の歴史が明瞭に刻まれているのである。

地質と地形の成り立ち

日本一複雑な地質構成プロセス

プレートテクトニクス

　大陸と海、そしてすべての山の成り立ちは、プレートテクトニクスの理論によって、すべて鮮やかに説明が付く。地球の表面の地殻は 10 数枚のプレートに分かれていて、それぞれが年に数センチの単位で移動を続けている。移動の帰結として、プレートとプレートの境界では様々な地質現象が起きることになる。

　プレート境界付近では地震が頻発し、火山が噴火する一方、境界に遠いプレートの中央部では台地の変動とは縁遠く平穏そのもの。それゆえに、世界で発生する災害は、不公平なまでに偏ることになる。

世界一複雑な日本列島の構成

　世界に十数枚しかないプレートの内、実に 3 枚（区分法によっては 4 枚）が、この狭い日本列島でせめぎあう。残念ながらニッポン国は、世界でも際立つ災害多発エリアの宿命を負わされている。世界の総面積の 0.3％にも満たないのに、火山と地震の頻度は 10％クラスなのであるから。地震など起こりえないようなプレート境界に遠い国からすると、国中が地震の巣のようなもの。日本の海岸線では津波に、火山地帯では噴火に、そして地震についてはどこに居ようがほぼ逃れようがない。なんと因果な国だろう。

　一方、複雑さの裏返しで、地形や地質が変化に富み、世界的に見ても稀な、細密な地形を現出している。山も多様性に溢れる。様々なスタイルの火山と、モザイクのような地質構造を持つ非火山性の山地が絡み合い、ニッポンの各所でそれぞれに個性に富む景観を生み出しているのは周知のとおりだ。似たような山などなく千差万別。山の個性の百花繚乱が、「日本百名山」をもたらしてくれた重要な背景であるともいえよう。

日本一複雑な山と大地の構図

　日本列島付近に 3 枚ないし 4 枚のプレートが触れ合っているということは、プレート 3 枚の接点が存在することになる。その希少極まる 3 重点は世界中探しても僅かに 10 数点のみだ。ところがここでは、房総沖、そして富士山付近と、本書のエリアを挟むように 2 か所に存在。さらに近年（ここ百万年ほど）の日本の山岳を押し上げる原動力の重要な要因である、伊豆半島の衝突現場はまさに南西部。おおむね御殿場線沿いの国府津ー松田間の山際（大井・松田断層沿い）ではプレートの境界が陸上に現れた、世界でも希な地形だ（22 コース）。

　要するに、この一帯は日本の、そして世界中でも最もホットなエリアということになる。反面、地震や津波の常襲地であり、殊に衝突現場に近い都市である小田原など、江戸時代にはきっちり 70 年おき位で大地震が発生、その度に壊滅的な打撃を受けてきた。武家の古府である鎌倉に、京都や奈良

の様な創建当初の建造物が無いに等しい一因もここに求められる。

　他方、やはり災害多発の反面、このエリアの地形はこの1000万年余りの間に激変してきた。山も然り。かくも狭い面積に、起因の異なる7種の山地がひしめきあっている。台地から高山まで一通りが揃う。単位面積当たりの山の多様性なら、日本でもナンバーワンだろう。こんな視点から、登っている山を見つめ直してみれば、様々な発見と楽しさを見出せるに違いない。

地 層 名	成 り 立 ち	地層形成期	主 な 山
❶小仏層群ほか	日本列島が大陸から切り離される前に、南海のプレート上の地層（付加体）がなすりつけられた。古さゆえに岩の固結度絶大	1億～2300万年前	陣馬山、嵐山、景信山、城山、雨乞山、鳶尾山、白山
❷丹沢層群	はるか熱帯の火山島群がプレートに乗って本州に達した際に潜り込めずに衝突、さらに隆起してきた深成岩に押し上げられた	1700～600万年前	大山、三ノ塔、鐘ヶ嶽、大野山、ミツバ岳
❸愛川層群	丹沢が本州へ衝突した際に、両者の間の海底に堆積していた地層が押し上げられて山地をなした	860～560万年前	名倉金剛山、石老山、南山、仏果山、経ヶ岳
❹三浦層群ほか	丹沢とともにやってきた海底の地層が押し上げられ山地に、さらに南北の海底に溜まった地層が陸化したもの	2000～70万年前	衣張山、鷹取山、大楠山、猿島、江の島、湘南平、天園
❺足柄層群	深い海に厚く積もった地層が、南海からやってきた伊豆火山群と丹沢の衝突によって押し上げられ山地に。成因はヒマラヤ山脈に似かよる	200～70万年前	松田山
❻箱根火山	伊豆地塊の上に乗っかっている火山群。伊豆が丹沢に衝突してから噴火開始	40万年～3000年前	駒ヶ岳、金時山、明星ヶ岳、幕山、真鶴半島
❼関東ローム層	富士や箱根の火山灰が降り積もって固結。当初は平面状だが、川に侵食されることで谷や尾根が生まれ、山らしい地形になった	50～1万年前	横浜・川崎の諸山、秋葉山
❽沖積層	河川によって運ばれてきた土や砂が固結したものや、縄文海進によって入り江に溜まった泥が固結したもの	1万8千年前～現代	山らしい山は特に無し

山のミニ講座 ②

山の気象
雨の質と量を知り、安全登山を

　本書のエリアは、大きくは太平洋側の気象圏に属し、冬季は乾燥し、夏季は高温多雨となる。各山岳エリアに目を向けてみると、気温については、標高による差はあるもののエリア毎の大きな違いはない。標高100ｍに付き0.6度下がる公式がほぼそのまま当てはまる。箱根の芦ノ湖付近なら約4度、下界よりも低い勘定だ。山の服装を考える時はこの点を参考にするとよい。

　エリア毎に差が出るのは、何といっても降水量である。以下、降水量を中心に各山エリアの気象について検討してみたい。

●箱根

　箱根はとにかく降水量が多い。横浜の倍以上降っている。全国レベルでも箱根の多さは屈指で、2010年までの年間降雨量の平均値3561ｍｍは全国1022箇所の観測点の中でも第6位にランクされた（トップは屋久島の4477ｍｍ）。1991年以降で最も多かった年が5310ｍｍ、少なかった

西丹沢から見る箱根の全貌。雲がかかりやすいことが見て取れる

年でも2987ｍｍとなる。面白いのは、どの季節であっても横浜のほぼ2倍強ということだろう。横浜で多い時は箱根も比例して多く、少ない時は比例して少ない。地形的要因は違うものの、大きく見ると同じような気象条件下にあるといえる。

　1日の降水量では、2019年の台風19号の922.5ｍｍ（2019.10.12）が日本記録を塗り替えたのは記憶に新しい。相模湾と駿河湾に挟まれ、双方の海上から上がってくる気流が大量の降水をもたらすのだろう。実際、丹沢あたりに登っていて、箱根だけ雲がかかっているのをよく見かける。因みに箱根のアメダス観測地点は、箱根のヘソに当たる芦之湯にあり、標高は855ｍ。当然、ここよりも降り易い地点はあるだろう。箱根の山をハイキングする時は、常に雨を意識して登りたいものである。

●丹沢

　多雨のイメージがあるが、実は箱根よりは横浜に近いことが分かる。丹沢湖の降水量は横浜のせいぜい3割増しであるから。相模湾から湿った気流が上がってくるが、駿河湾方面からの影響は少ない。ただ、相対的に多雨地帯であることは間違いない。神奈川県の水がめが安定しているのは、丹沢山地に安定して雨が降ることに求められよう。丹沢こそは、神奈川県の水事情の母なる山なのである。因みに箱根が1日降水量の新記録をたたき出した日は、丹沢湖で

水を湛える丹沢湖、背後の山々が供給源だ

も518mmを記録している。やはり、丹沢登山では雨への警戒は欠かせない。

●北相模

　観測点は相模湖。一帯は山がちだから降水量も多そうに感じるが、年間では横浜とほぼ変わらない事が読み取れる。特徴づけられるのは年間較差で、最も多い9月と最も少ない2月では、5.4倍の開きがある。表中では際立って最大で、この理由は各エリアでは最も内陸に位置することに求められよう。冬場は特に降水量が少なくなり、逆に夏場は雷雨が発生しやすいことが月別降水量に現れている。夏場に北相模の山に登る場合は、雷雨の可能性に注意を払っておきたい。

●三浦半島

　北相模とは対照的に、年間較差が最も小さい。東を東京湾、西に相模湾、そして南を太平洋、三方を海に囲まれ、比較的気候が安定していると言える。特に注目したいのは8月の降水量で、他のエリアと比べると相対的な低さが際立っている。これは雷雨が少ないことに起因する。夏場の夕立が少ないのである。東京や横浜に大雨警報が出ていても、三浦と湘南海岸一帯には縁のないことが多い。横浜より年間降水量が少ないのは意外な気もするが、夏場の差を当てはめることで説明がつくのである。

●横浜・川崎

　エリア内の気候はどこも変わりなさそうに思えるが、実は明瞭な違いの見られる所がある。横浜市の旭区と瀬谷区では地勢がそれぞれ東と西に緩く傾いている。ちょうど分水嶺を境にしているわけで、冬に丹沢おろしがまともに吹き付ける瀬谷区が寒いのに対し、一山越える形になる旭区以東は相対的に暖かい。なお参考までに東京都心部の降水量は、横浜・川崎よりも低めながら、全体的な傾向は似通っている。

エリア	箱根	丹沢	北相模	三浦半島	横浜川崎
観測点	箱根	丹沢湖	相模湖	三浦	横浜
1月	127.7	76.0	63.6	61.3	64.7
2月	151.3	85.0	53.0	68.1	64.7
3月	284.6	172.9	110.0	129.0	139.5
4月	321.8	182.8	117.1	132.1	143.1
5月	326.8	190.9	123.7	139.4	152.6
6月	420.4	228.5	169.6	179.6	188.8
7月	425.3	313.0	195.5	166.4	182.5
8月	346.1	236.1	218.5	102.8	139.0
9月	448.7	342.2	286.3	205.5	241.5
10月	403.8	262.4	247.3	211.4	240.4
11月	197.1	131.2	81.5	110.5	107.6
12月	107.9	77.9	54.7	67.9	66.4
計	3561.3	2298.8	1720.8	1573.9	1730.8
較差	4.16	4.50	5.40	3.54	3.79

山の樹木
ブナ林と照葉樹林の世界

　日本で優先面積の大きい本来の植生は、太平洋側温暖地を中心としたカシやシイなどの照葉樹林か、日本海側の豪雪地を中心としたブナに代表される広葉樹林ということになる。本書のエリアは狭い面積にもかかわらず、双方が見られる点がユニークだ。地形の多様性が気候の多様性につながり、様々な植生を育み、山歩きをより意義深い楽しいものにしてくれている。

●ブナ林

　ブナ林の本場は何といっても丹沢山地である。植林や荒廃が進んだとはいえ、一部では見事な原生林が見られる。さすがに丹沢でも高所に多く、本書で紹介する前衛の低山部は開発や植林が進み、三国山や仏果山地などの一部でしか見られない。

　丹沢ほどには著名でないが、箱根にも見事なブナ原生林が残されている。それでも

左）ヒメシャラのスベスベな樹肌　右）見事な樹形となるブナの巨木

　かつては山域上部の大半がブナ林に覆われていたのだろうが、古くから開発の進んだ箱根では、平地部は元より、山腹も植林のために伐採されてしまった。純粋な原生林となると、芦ノ湖西岸の三国山の北部（ここの巨樹1本が特に有名→27コース）や、神山の西斜面などが挙げられる。

　また、太平洋側暖地のブナ林の特色としてヒメシャラの樹が混じっていることが特筆される。巨木が多く、すべすべの木肌は夏季に頬を当てるとひんやりと気持ちいい。

●丹沢箱根の低木

　低木で印象深いのがアセビ（馬酔木）だろう。暖地性の常緑樹だが生育範囲は広く、丹沢では標高1000m以上にも結構見られる。大山近辺で、まとまった林が見られるのは楽しい。最も印象深いのはシダンゴ山の山頂だ（57コース）。

　もうひとつ注目すべき植生がミツマタだ。楮・三椏と称される通り、和紙の伝統的な原材料であり、すべての枝が3つに分かれることからこの名が付いた。2月から3月にかけて、全く葉の無い状態で、存在感ありありの花を樹一杯に付ける（59コース）。沿道から高山まで丹沢随所で見られ、標高に関わらず一斉に満開期を迎える傾向があるのは興味深い。

真鶴半島の楠の巨木

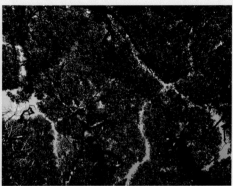

地上から見上げると、シェアし合うスダジイ

●照葉樹林

　照葉樹とは、葉っぱの表面に光沢のある常緑樹の総称で、主に太平洋側の温暖地に生息。南方ほど山の上方にまで生育するが、本書のエリアでの生息地である低山は、殆ど開発され尽くしている。結果として照葉樹が残っているのは、海岸沿いの狭いエリアということになる。

　主な樹種は、まず海岸沿いにタブノキ。少し内陸に入ると、スダジイや楠など。どちらも融通無碍に枝葉を延ばしているのだが、隣接し合う所では、お互いの葉が重ならない様に枝を広げ、見事なまでにシェアし合っ

ている。

　エリア的にはまずは三浦半島だが、生粋の原生林となると極めて希で、猿島（17コース）の急傾斜地や、武山（14コース）などの一部斜面、それと由緒ある寺社の社叢林に限られる。三浦の山中で出合う同じような森は、二次林であるマテバシイの森であることが大半だ。薪炭や船舶材料として盛んに植えられ、これが他人の空似でタブノキによく似ていることから間違えやすいのだが、疑似原生林のような雰囲気を持っているので、森のイメージはなかなかのもの。

　もうひとつ照葉樹林の聖地として推奨したいのは真鶴半島だ（32コース）。ここで目立つのは楠で、とにかくスケールが大きい。人間が小人に見えてしまう。一方で小田原藩が植樹した松もスケールが大きいが、本来の植生ではないためか近年は立ち枯れが多い。やはり樹木は適材適所である。

ヤマビル　傾向と対策
敵を知らば百山危うからず

●生態

　ヤマビル:体長1～5cm、落ち葉やヤブの中に乾燥しないように潜み、人間の呼気などを感知すると、尺を取りながら素早く

移動、気づかれぬまま素肌にかぶりつく。厄介なことに、ヒルジンというエキスにより血が止まりにくくなる。自身の体重の数倍の血を吸った挙句、丸々太ってポトリと離れる。一度満腹すれば1年間遊んで暮らせるらしい。

3本の縦縞がアート風ではあるのだが

概ね4月半ばから11月初め、特に降雨中や雨上がりで気温の上がった日などは大量に発生。乾燥を嫌うので、夏場でも夕立無しの日照りが続いた時は姿を見ない。

●現状

　ヤマビルの被害エリアは年々拡大してきている。かつての生息域は本間川流域の山奥に限られていたが、昭和の終わり頃から目立って広がり、今や北相模と丹沢の広範囲が汚染域となってしまった。媒介するのは鹿と猪で80%を占めており、ここまで増えてしまったのは人間活動が動物たちの行動範囲に影響を及ぼした結果とされる。神奈川県が令和の初めにアンケート調査を行っ

た結果が別図だ。原発域から周囲に広がっていったが、今のところは相模川と東名高速が防波堤になっていることがわかる。北相模の日連アルプスは注意看板を出すほど増えてしまったが、相模川を隔てた陣馬山では被害を聞かない。また丹沢全体では東側が高密度で、西になるほどまばらになってくる。獣の移動を防止する柵の効果もあるようだ。

●対策

　人によってそれぞれだが、ここでは一例として筆者の対策をご紹介したい。ヤマビルの活動が盛んと思われる日は、行動直前に、登山靴の側面にぐるりと、底から立ち上がり5cmの範囲に忌避剤を塗る。自然への影響がない「ヒル下がりのジョニー」がお勧めだ。乾いたら効果が弱くなる防虫スプレーに対し、ぬらぬらしていて効果が持続するのが売りである。取説には肩や袖・ズボンの裾周りにも塗るよう指示があるが、ヒルは地面から身体に這い上がるのであって、樹から降ってくることは極めて希とされる。決して安くはない忌避剤節約のためもあり、休憩時に不用意に座り込んだりしないよう気を付ければ靴周

松田町の看板

りだけで良いように思う。効果はその日の行動時間位は間に合うが、出現率が高かったり、靴周りがヤブや水に晒されたようなら、半日単位で塗り直すのも一考だ。また、ズボンの裾は靴下に押し込んで野球のアンダーストッキングみたいにしておく。

　付いてしまったら、摘み取ってもいいが、防虫スプレーをたっぷり見舞ってやると、のたうち回って体液を出して死んでしまう。血を吸われた場合は、子孫を増やさないためにも確実に殺すことが求められている。食われた皮膚は出血が止まりやすくなるようポイズンリムーバーでヒルジンを吸い出し、化膿しないよう消毒してテープを貼っておく。ポイズンリムーバーは蜂や蛇の毒抜きに絶大な効果があるから、ヒルに限らず温暖期の山歩きで携帯したい。一方、ヒル自体の毒性は皆無で、蚊やマダニのように病原体を媒介することもないから、さほどのワルとはいえない側面もあるのだが。

上）ズボンの裾は靴下の中に
下）左から、ヒル下がりのジョニー、虫よけスプレー、ポイズンリムーバー

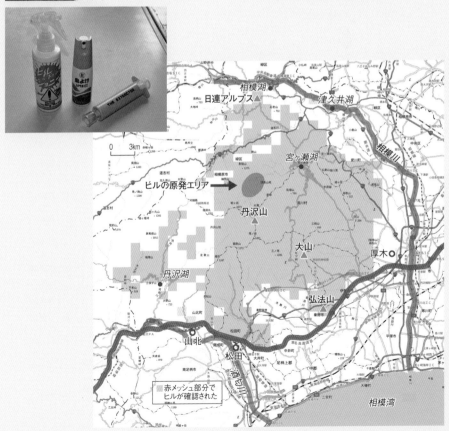

153

山関連の歴史年表

　神奈川エリアは歴史の宝庫でもある。古墳時代に始まり、万葉集の時代、そして最も光彩まばゆき表舞台となった鎌倉の武家政権、戦国の小田原北条氏、江戸時代は首都近郊のレジャーの地となった。幕末以降は横浜開港に始まり、軍事の要衝となり、戦後は開発や都市計画などで日本をリードするような地位を占めてきた。こうした歴史の残渣は、山の襞にも濃厚に残されている。山歩きのひょんな瞬間に、歴史の香りに触れることができた時の喜びは大きい。もちろん、初めから歴史目当てで、歴史探訪の山歩きがあってもいい。それがこのエリアのメリットでもある。この歴史年表がその一助となれば幸いだ。

時代	年号	歴史上の出来事	解説	コース No.と山名
古墳	200	秋葉山の位置に古墳を造成	3世紀から数百年に渡る古墳の変遷が一堂に見られる	7. 秋葉山
飛鳥	6世紀	日本武尊の東征	行軍の水確保問題や弟橘姫との悲話など	20. 吾妻山 53. 三ノ塔
	703	八菅神社開基	役小角による。以降、丹沢一帯が修験の場となってゆく	8. 八菅山
	7〜8世紀	万葉集の編纂	東国に至る重要な拠点であった足柄峠周辺で多くの歌が詠まれた	24. 矢倉岳
奈良	8世紀	大山、神武寺開山	大山は良弁上人により開山された	52. 大山 12. 鷹取山
	802	箱根に東西交通の要衝として湯坂道が開かれる	延暦の富士山噴火で足柄道が使えなくなったため	30. 湯坂道
	851	石老山顕鏡寺が開山		40. 石老山
平安	1180	石橋山の合戦	敗残の源頼朝が自鑑水で再起を誓い、しとどの窟で生き延びた	33. 幕山 34. 湯河原城山
	1190	北条政子の望みで、夏の山に白衣を掛け雪山を現出	伝承的色付けがありそうだが、良い話ではある	9. 衣張山
鎌倉	1241	朝夷奈切通が開かれる	北条泰時による	10. 鎌倉アルプス
	1275	金沢山称名寺が開山	北条実時による。金沢文庫創建	6. 金沢三山
	1289	古典文学『とはずがたり』	後深草院二条による作。江の島で宿泊した一夜が綴られている	18. 江の島
	13〜14世紀	鎌倉周辺の山中に、やぐらが作られる	市中が手狭になり、町中に墓所を設けることが禁じられたため	9. 衣張山 10. 鎌倉アルプス
	13〜14世紀	箱根山中に宗教史跡	石仏や宝篋印塔などを造営	29. 二子山
室町	1352	新田勢が河村城に籠城	創建は平安末期、秀吉の小田原攻め以降に廃城	23. 河村城址
戦国	1569	三増峠の合戦	武田 VS 北条による戦国最大規模の山岳戦。	44. 三増峠
	1590	津久井城が、秀吉の小田原攻めで落城	鎌倉期に三浦氏の支族により造られ、後北条氏の支城になっていた	43. 城山
	1590	石垣山の一夜城構築	秀吉の小田原攻め。小田原落城の要因に	31. 石垣山

江戸	1683	不動尊を武山山頂に安置	以後、武山不動として栄える	14. 武山
	17世紀	大山詣でや江の島観光が隆盛	江戸期庶民の娯楽として。やがて金沢八景も観光名所に	52. 大山、18. 江の島、6. 金沢三山
	17世紀	富士塚信仰が盛んになる	憧れの富士山参拝に行かれない庶民が講を組んで、塚をこしらえ参拝した	3. 都筑三富士 10. 六国見山
	1841	甲相国境争い	甲州平野村が江戸幕府に提訴。平野村側の敗訴となり、現在の県境がこの時に確定	61. 三国山
明治	1847	猿島が東京湾防衛のための対艦要塞として整備される	江戸末期に築かれた台場がルーツ。太平洋戦争では防空拠点に。	17. 猿島
	1873	アーネスト・サトウが大山に登頂	幕末から明治初期のイギリス人外交官	52. 大山
	1882	鳶尾山と相模原基線で、最初の一等三角点測量	国家プロジェクトである地形図作成がスタート	49. 鳶尾山
大正	1919	箱根登山鉄道が開業	箱根の観光地としての古さの証	箱根全般
	1920	箱根大文字焼きが始まる		29. 明星ヶ岳
	1923	関東大震災	震生湖誕生	55. 渋沢丘陵
昭和戦前	1927	小田急線開通	以降、丹沢が庶民の山として認知されていく	丹沢全般
	1931	大山鋼索鉄道（ケーブルカー）開通	1944〜1964まで営業休業	52. 大山
	1934	丹沢林道完成	秦野と宮ヶ瀬を結ぶ、ヤビツ峠越え	52. 大山 53. 三ノ塔
	1941	生田緑地が都市公園として計画決定	川崎市による。戦時中にしては画期的な計画と言える	2. 生田緑地
昭和戦後	1947	相模ダム完成と相模湖誕生	ダム工事は戦時中から。軍の強制力により用地買収など、負の側面も	41. 嵐山
	1955	神奈川国体、登山競技は丹沢で実施	以後、丹沢の登山者急増	丹沢全般
	1958	湘南平が現在のスタイルに	平塚市の自然公園として整備	19. 湘南平
	1965	丹沢大山国定公園が指定される	「丹沢」全体と、一峰に過ぎない「大山」が同格なのが面白い	丹沢全般
	1965	本沢ダム竣工、城山湖誕生	発電用のロックフィルダム	42. 城山湖外輪山
	1966	菩提峠にスキー場オープン	1シーズンで閉鎖	53. 三ノ塔
	1971	横浜市で市民の森制度がスタートする	2023年現在、47箇所、553ヘクタールを指定	4. 新治・三保市民の森
	1978	三保ダム完成、丹沢湖誕生	西丹沢の登山スタイルが激変	59. ミツバ岳
	1980	横浜中核部で米軍による接収が解除	根岸森林公園や本牧山頂公園が整備される	5. 港ヨコハマ
平成	2000	宮ヶ瀬ダム完成、宮ヶ瀬湖誕生	以後、神奈川県では水不足の心配がなくなる	46. 南山 45. 松茸山
	2014	小網代の森が整備・開園	1990年結成の小網代の森を守る会の活動が実る	15. 小網代の森
	2015	大涌谷で小規模な水蒸気爆発が始まる	以降、神山などは登山禁止に。2023年現在も継続中	28. 駒ヶ岳
令和	2019	台風15号、19号により甚大な被害が発生	15号は三浦半島直撃で倒木酷し、19号は箱根・丹沢・北相模に記録的豪雨	三浦半島・箱根・丹沢・北相模

かながわ百名山

「日本百名山」のブームにあやかり、全国で様々な百名山が選定されている。なかでも都道府県単位の百名山については選定が進んだ印象があるが、神奈川県では個人的な選定が散見されるものの、広く公認されたようなものはない。その中で、令和2年から4年にかけて、神奈川新聞の紙上で隔週に2山ずつ紹介されたのが「かながわ百名山」である。登山対象としての山の概念に捉われず、様々なジャンルの山を対象とした多様性あるラインナップが特徴だ。県内最高峰の蛭ヶ岳（1676ｍ）から標高僅か15ｍの黒崎ノ鼻まで。完全なヤブ山で完璧な読図力と現場での対応力が求められる女郎小屋ノ頭から、車椅子でも山頂を踏めるバリアフリーの本牧見晴らし山まで。半日をテーマとする本書ではどうしても低山に偏るが、百山中60山をコース中で紹介した。地質と歴史に彩られた山々の、バラエティーの豊かさを感じ取れるラインナップになっている。

下表はかながわ百名山の内、本書のガイド紹介から漏れた40山を列挙したもの。その大半は、半日では歩けない丹沢の高峰や奥山が占めている。地図は次ページを参照。

山名	エリア	標高	特徴
蛭ヶ岳	中丹沢	1676	神奈川県最高峰、最高の展望、山頂に小屋、山姿もイケメン
丹沢山	中丹沢	1567	一等三角点あり。その名故に丹沢の主峰とみなされる。人気の小屋あり
袖平山	中丹沢	1432	有名な姫次から少し西に外れた山。カラマツの美林が見事
黍殻山	中丹沢	1273	蛭ヶ岳からの北尾根に忽然と突き出た山。山麓に避難小屋あり
円山木ノ頭	中丹沢	1360	丹沢三峰の主峰。他の2峰との連携で遥か遠方からでも見分けやすい
臼ヶ岳	中丹沢	1460	奥深き地味山だが、ここから見る蛭ヶ岳は最高
檜洞丸	中丹沢	1601	かつては丹沢最奥の秘峰とされた。直下にムードの良い山小屋あり
弁当沢ノ頭	中丹沢	1288	閑静な奥山。長大な山稜の形状が独特
大杉山	中丹沢	861	丹沢湖の北東岸に連なるヤブ山。長大な山頂部に延々と杉林
同角ノ頭	中丹沢	1491	シャープで巨大な三角形は遠方からでも一目瞭然、奥深き山
大石山	中丹沢	1220	ユーシンから登路あり。花崗岩の大石が山名に。山頂は庭園調
女郎小屋ノ頭	中丹沢	1080	丹沢きっての難峰。山頂は平凡だが、登りにくさでは文句なしのトップ

大室山	西丹沢	1587	丹沢でも随一の巨大な山、そのシルエットは雄大無比。ブナ林見事
加入道山	西丹沢	1418	白石沢からの登路が秀逸、ゆったりした山頂には避難小屋も
畦ヶ丸	西丹沢	1292	沿いルートの果ての雄峰、直下に避難小屋もある
菰釣山	西丹沢	1379	西丹沢の果てにある秘峰、富士山の眺めと、離れた三角点に注目
西丸	西丹沢	1227	地味山だが、どこから見ても三角形の、端正な山姿が目を引く
箒沢権現山	西丹沢	1138	箒杉の背後に突き出る山。縦構図のダイナミックな展望あり
椿丸	西丹沢	902	西丹沢きっての道無き秘峰。椿は少ないがミツマタの大群落が
不老山	西丹沢	928	丹沢湖の南西に盤踞する山。山頂にサンショウバラの大株あり
湯船山	西丹沢	1041	静岡との県境上の穏やかなピーク。山名は山麓の湯船集落に因む
高松山	表丹沢	801	高松集落背後の山。広大で平らかな山頂から展望雄大
寿岳	表丹沢	1331	主脈から外れた道探しの山。ブナと馬酔木の心地よい山頂
塔ノ岳	表丹沢	1491	丹沢で人気ナンバーワンの山。展望雄大。小屋があり登頂者多し
花立ノ頭	表丹沢	1376	大倉尾根上のピーク。眺めがよく、直下に小屋がある
鍋割山	表丹沢	1272	トップに個性的な山小屋。労力の要る山だが、人気は高い
檜岳	表丹沢	1167	檜岳三山の中央峰。「ひのきだっか」と読ませるのがミソ
高取山	表丹沢	556	大山南尾根のピラミダルな山。あちこちから目立つ
ミズヒノ頭	表丹沢	1057	大山北尾根上の一峰。ルート不明、広やかな尾根のムードがいい
鍋嵐	表丹沢	817	丹沢中央に独立の山体、名前に技あり。ルートは手探りで
三峰山	表丹沢	935	大山から北東に延びる長い尾根上の山、修験の山で鎖場多数
鷹落場	足柄	819	足柄山地本来の造山過程によるピークの中では最高峰
神山	箱根	1438	箱根の最高峰、一等三角点あり。現在は登山禁止
明神ヶ岳	箱根	1169	箱根外輪山の雄、巨大な山体が特徴。広大な山頂から展望も抜群
台ヶ岳	箱根	1044	仙石原にそびえる独立火山。笹藪の山、山頂はブナとヒメシャラ
生藤山	北相模	990	神奈川県最北に位置する。高尾・陣馬から続く稜線上の一峰
入道丸	北相模	714	山梨県側、道志山塊の一峰。地味で目立たずいぶし銀のような山
三ヶ岡山	三浦半島	148	葉山の中心に浮かぶ、3つのピークからなる展望と自然の山
本郷ふじやま	横浜川崎	80	横浜市栄区の町中に忽然と立つ。良き里山の山風景を残す
緑高尾山	横浜川崎	100	東名町田IC近く。ほぼ平たい山姿ながら一等三角点がある

三ノ塔 ▼

大山 ▼

渋沢丘陵から見る表丹沢には、かながわ
百名山が多数連なっている

かながわ百名山
一覧 MAP

※数字（コースNo.）のある赤文
字の山は本書で紹介

黒文字で数字のない山は、本書未収録の
かながわ百名山（→ 156 ページ）

▲生藤山

▲ 35. 陣馬山
▲ 36. 景信山

42. 草戸山 ▲

▲ 37. 峯
▲ 38. 金剛山　　41. 嵐山 ▲

40. 石老山 ▲

43. 津久井城山 ▲

39. 峰山 ▲　▲ 39. 石砂山

44. 雨乞山 ▲

▲入道丸

46. 南山 ▲

愛川町

45. 松茸山 ▲

47. 仏果山 ▲
48. 経ヶ岳 ▲

▲黍殻山

加入道山 ▲　▲大室山

▲袖平山　　中丹沢

▲円山木ノ頭

49. 鳶尾 ▲

▲畦ヶ丸

▲檜洞丸

▲蛭ヶ岳

ミズヒノ頭

▲鍋嵐

▲ 三峰山 50. 白山 ▲

▲菰釣山

▲箒沢権現山

▲臼ヶ岳　▲丹沢山
▲同角ノ頭　弁当沢ノ頭 ▲

西丹沢

▲寿岳

51. 鐘ヶ嶽 ▲

▲西丸

大石山 ▲

鍋割山 ▲

塔ノ岳 ▲
花立ノ頭 ▲

厚木市

▲椿丸

女郎小屋ノ頭 ▲

▲大杉山

▲檜岳

52. 大山 ▲

▲ 61. 鉄砲木ノ頭

▲ 61. 三国山　▲湯船山　▲不老山

59. 世附権現山 ▲

表丹沢

53. 三ノ塔 ▲

伊勢原市

▲高取山

56. 櫟山 ▲

▲ 58. 大野山

▲高松山

57. シダンゴ山 ▲

秦野市

54. 権現山 ▲

55. 頭高山 ▲

山北町

松田町

平塚市

▲鹿落場

▲ 24. 矢倉岳

21. 曾我山 ▲

19. 湘南平 ▲

南足柄市

20. 吾妻山 ▲

▲ 25. 金時山

小田原市

▲明神ヶ岳

箱根町

26. 明星ヶ岳 ▲

▲台ヶ岳

▲ 31. 石垣山

▲神山

▲ 28. 駒ヶ岳　▲ 30. 浅間山

▲ 27. 三国山　▲ 29. 二子山

▲ 33. 幕山

湯河原市

▲ 32. 灯明山

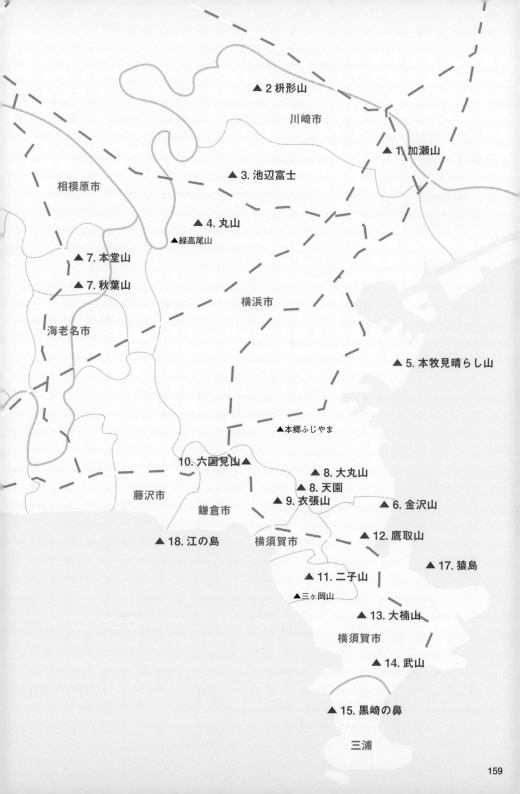

▲ 2 枡形山

川崎市

▲ 1. 加瀬山

相模原市

▲ 3. 池辺富士

▲ 4. 丸山

▲緑高尾山

▲ 7. 本堂山

▲ 7. 秋葉山

横浜市

海老名市

▲ 5. 本牧見晴らし山

▲本郷ふじやま

10. 六国見山▲

▲ 8. 大丸山

▲ 8. 天園

藤沢市

▲ 9. 衣張山

▲ 6. 金沢山

鎌倉市

▲ 18. 江の島

横須賀市

▲ 12. 鷹取山

▲ 17. 猿島

▲ 11. 二子山

▲三ヶ岡山

▲ 13. 大楠山

横須賀市

▲ 14. 武山

▲ 15. 黒崎の鼻

三浦

著者近影：撮影・小幡忠利

樋口一郎（ひぐち いちろう）

神奈川県エリアの山に深く関わるようになって 10 数年経ちます。本書はその集大成でもあり、単にハイクコースを羅列するだけではなく、個々の山の全体との関わりや位置づけ、地質学的・歴史的視点なども盛り込むことに務めました。様々な視点から山を想いつつハイクしていただければ、山への理解も深まり、より充実した体験ができるのではないでしょうか。その一助となれば幸いです。

1960 年生まれ。横須賀市在住。自称「山楽ライター」、山歩きの楽しみを伝えていくことが信条。著書に「新釈日本百名山」「鎌倉＆三浦半島 山から海へ 30 コース」（以上、東京新聞）など。中日新聞（東京新聞）に「日本百名山」（2011 ～ 13 年）、神奈川新聞に「かながわ百名山」（2020 ～ 22 年）を連載。

取材協力：葉月山の会
港南ひまわりお山歩倶楽部
カバー写真　小網代の森→ 15 コース
表紙写真　七沢森林公園おおやま広場→ 50 コース
扉写真　吾妻山山頂→ 20 コース

半日の山ハイク
丹沢、箱根足柄、三浦湘南、北相模、横浜川崎

2023 年 8 月 26 日　第 1 刷発行

著　者　樋口一郎
発行者　岩岡千景
発行所　東京新聞
〒100-8505 東京都千代田区内幸町 2-1-4
中日新聞東京本社
電話　[編集] 03-6910-2521
　　　[営業] 03-6910-2527
FAX 03-3595-4831

装丁・本文デザイン　中村 健（MO' BETTER DESIGN）
地図製作　　　　　　奥村紀和夫
印刷・製本　　　　　株式会社シナノ パブリッシング プレス